Kassenpruefung.de

Kassenpruefung.de

Handbuch für die
Kassenprüfung im Verein

Frank van Riswyck

Impressum

Titel	Kassenpruefung.de
	Handbuch für die Kassenprüfung im Verein
Autor	Frank van Riswyck
Ausgabe	11. überarbeitete und erweiterte Ausgabe
	Erste Ausgabe 1999
ISBN	978-3-7386-4404-3
Herstellung und Verlag	BoD – Books on Demand, Norderstedt
Ergänzende Informationen	**www.Kassenpruefung.de**

© Copyright von Text und Bildern bei Frank van Riswyck,
Wiemelhauser Straße 265B – 44799 Bochum, kontakt@kassenpruefung.de
1999 – 2016

Obwohl der Inhalt sorgfältig recherchiert wurde, können fehlerhafte Angaben nicht vollständig ausgeschlossen werden. Die Aussagen in diesem Dokument erfolgen ohne Gewähr auf Korrektheit. Es wird ausdrücklich darauf hingewiesen, dass die Informationen in diesem Buch **keine Rechtsberatung** darstellen oder diese ersetzen könnten. Sie geben lediglich die persönliche Meinung des Autors wieder. Um rechtssichere Aussagen ableiten zu können sind dazu berechtige Angehörige der wirtschaftsprüfenden oder steuerberatenden Berufe zu konsultieren.

INHALT

DIE ARBEIT MIT DEM HANDBUCH

Wir empfehlen Ihnen, das Handbuch von vorne nach hinten zu lesen.

Zur Vereinfachung verwenden wir in diesem Dokument die männlichen Wortformen. Wir sprechen also von *der Kassenprüfer*. Wohlwissend, dass es ebenso viele weibliche Personen gibt, die dieses Amt in den Vereinen bekleiden.

Zur klareren Lesbarkeit verwenden wir im Allgemeinen die Einzahl (*der* Kassenprüfer) und nicht die Mehrzahl (*die* Kassenprüfer).

FÜR WEN IST DIESES HANDBUCH KONZIPIERT?

Dieses Handbuch ist konzipiert für den interessierten Laien, der das Ehrenamt des Kassenprüfers zum Wohl des Vereins ausführen möchte.

Er richtet sich auch an alle Personen, denen die operative Verantwortung für die Finanzen in einem Verein (gemäß §21 BGB) übertragen wurde. Dies sind in der Regel die Vorstände, Geschäftsführer, Kassenwarte bzw. Schatzmeister. Ihnen soll dieses Handbuch eine Orientierung geben, nach welchen Kriterien sie eine umfängliche und konstruktive Kassenprüfung zukünftig gestalten könnten.

Dieses Handbuch soll auch dazu beitragen, das Interesse an dem Amt des ehrenamtlichen Kassenprüfers zu erhöhen. Denn in dem Maße, in dem Vereine verstärkt Aufgaben in unserer Gesellschaft übernehmen, steigt auch die Anforderung an eine professionalisierte Vereinsführung. Womit sich in der Regel auch das Prüfungsspektrum des Kassenprüfers erweitert.

In diesem Handbuch werden wir die ehrenamtlich durchgeführte Kassenprüfung in Vereinen mit der Rechtsform eingetragener Verein (e.V.) betrachten.

Sie werden die Rahmenbedingungen der gemeinnützigen Vereine in der Bundesrepublik Deutschland soweit kennen lernen, dass Sie eine Kassenprüfung systematisch planen, Prüfungsregeln aufstellen und die Kassenprüfung konzentriert und ausschließlich zum Wohle des Vereins durchführen können.

Ein im Verein verankertes und gut dokumentiertes Kassenprüfungswesen, mit dem die gesamte Finanzlage des Vereins beleuchtet werden kann, ist ein proaktives Mittel um Filz, Neid, Misstrauen und Missgunst zu begegnen. Wie sie ein solches Kassenprüfungswesen auf die Bedürfnisse ihres Vereins abstimmen, werden Sie in diesem Buch lernen.

Eine geplante und umfängliche Kassenprüfung sollte von der Mitgliederversammlung beauftragt, vom Vorstand unterstützt und vom Kassenprüfer durchgeführt werden. Von welcher der genannten Seiten der erste Anstoß dazu kommt, ist unerheblich. Wichtig ist der (gemeinsame) Wille, dies durchzuführen.

Vereine sind auch häufig als Arbeitgeber aktiv. Ob es hier um „400-EURO-Jobs", Aufwandsentschädigung oder um Leistungen an Erzieher, Trainer, Sportler, Künstler usw. geht, in jedem Fall ist die Lohnsteuerpflicht zu prüfen. Hier haftet im Zweifel der Vorstand persönlich für falsche Anmeldungen oder nicht abgeführte Lohnsteuer. Ähnliches gilt für die abzuführende Umsatzsteuer, soweit sie anfällt.

Speziell für die Kassenprüfung in Vereinen mit komplexen steuerrelevanten Aktivitäten wird dieses Handbuch nicht alleine als vollständige Anleitung zur Durchführung der Kassenprüfung ausreichen. Je nach Komplexität der Steuerrelevanten Sachverhalte empfehlen wir, im Zweifelsfall einen Angehörigen der wirtschaftsprüfenden oder steuerberatenden Berufe (zumindest als Berater) hinzuzuziehen.

In einigen Vereinen besteht die Möglichkeit, hauptamtliche[1] Prüfer mit der Kassenprüfung zu beauftragen. Oftmals wird diese Aufgabe dann an Angehörige der wirtschaftsprüfenden oder steuerberatenden Berufe vergeben. Diese werden in diesem Handbuch sicherlich Aspekte finden, die sie für ihre Arbeit nutzen können. Sie ist jedoch nicht speziell an sie gerichtet. Dieses Handbuch erhebt auch nicht den Anspruch auf Vollständigkeit für alle noch so kniffligen Besonderheiten, die im deutschen Vereinswesen vorkommen können und im Rahmen der Kassenprüfung von Bedeutung sein könnten.

---

[1] Oftmals auch finanziell entlohnt.

DIE SITUATION IN DEN VEREINEN

In den Vereinen entzünden sich oftmals Streitigkeiten an der Verwendung von Geldern durch den Vorstand oder der Geschäftsführung. Da der Vorstand das Vereinsvermögen nur "treuhändlerisch" verwaltet, muss er dem Verein[2] regelmäßig Rechenschaft über die wirtschaftliche Lage und seine Arbeit geben (vgl. § 666 BGB).

Nahezu jede ordentliche Mitgliederversammlung sieht als Tagesordnungspunkt den Rechenschaftsbericht vor, mit dem der Vorstand Auskunft über die Vermögenssituation des Vereins, den Mitgliederstand und Besonderheiten der Geschäftsführung des abgelaufenen Wirtschaftsjahres[3] gibt.

Es hat sich über ein ganzes Jahrhundert hinweg eingebürgert, die finanzielle Seite eines Vereins im Rahmen einer Kassenprüfung nachzuvollziehen und so die finanziellen Vorgänge innerhalb der Vereinsgeschäfte durch unabhängige[4] Personen überprüfen zu lassen und den Mitgliedern so zu vermitteln, daß die vom Vorstand vorgetragenen Aussagen „richtig" sind.

Wenn in einem Verein neben dem Vorstand noch ein Geschäftsführer, ein Kassierer oder Schatzmeister existiert, sehen viele Satzungen neben der Entlastung des Vorstands, auch die Entlastung eben dieser Person vor. Die Empfehlung zur Entlastung des Vorstands / Kassierers wird in der Praxis durch den Kassenprüfer ausgesprochen.

Von einigen Vereinsvorständen wird der Kassenprüfer als Störenfried angesehen, wenn er Fragestellungen aufwirft, die die Geschäftsführung des Vorstands betreffen. Findet der Kassenprüfer sogar Fehler, die er dann in der Mitgliederversammlung zum Besten geben könnte, wird dieser gar als Gefahr betrachtet.

In einigen Vereinen kann beobachtet werden, dass Kassenprüfer einer für sie und den betroffenen Vorstand/Kassenwart unangenehmen Situation aus dem Wege gehen, indem sie die Kassenprüfung simpel und schlicht durchführen. Zuweilen wird lediglich die korrekte Addition von Belegen und der Barkassenbestand überprüft. Die inhaltliche Prüfung wird weitestgehend vermieden. Oftmals auch begünstigt durch die Unwissenheit des Kassenprüfers selber. Der Prüfungsbericht sieht dann oftmals entsprechend simpel und schlicht aus: „Es wurde keine Beanstandung gefunden...."

---

[2] Genauer gesagt, dem nach der Satzung dafür zuständigem Organ. In der Regel sind dies die Mitgliederversammlung, der erweiterte Vorstand, der Wirtschaftsrat und die Kassenprüfer.

[3] In einigen Vereinen ist in der Satzung ein längerer Zeitraum, z.B. alle 2 Jahre, vorgesehen

[4] Im Sinne von amtunabhängig.

In anderen Vereinen kann beobachtet werden, dass Kassenprüfer ihr Amt und damit auch das Vertrauen der Mitgliederversammlung ausnutzen, um dem Vorstand gezielt Schaden zuzufügen. Die Gründe dafür sind vielfältig. Oftmals ist der Kassenprüfer schlecht vorbereitet und kennt die gesetzlichen Rahmenbedingungen, in denen sich der Verein und sein Vorstand bewegen nur unzureichend. Das Sammeln von Fakten und deren Präsentation vor der Mitgliederversammlung sind eher die Ausnahme. Vielmehr wird eine schlechte Stimmung gegen die Arbeit des Vorstands aufgebaut und in den Verein hineingetragen. Nicht selten enden solche Situationen mit dem Rücktritt des Vorstands.

Eines sollte sowohl von der Seite der geprüften als auch von der Seite der Kassenprüfer beachtet werden:

Es handelt sich um Ehrenämter, die in der Regel in der Freizeit von den jeweiligen Amtsinhabern ausgeführt werden.

Die in diesem Buch dargestellten Vereine haben weder auf der Seite des Vorstands, noch auf der Seite der Kassenprüfer hauptamtlich tätige Personen mit der Ausübung der jeweiligen Aufgabe bestellt. Es sind allesamt ehrenamtlich tätige Bürger.

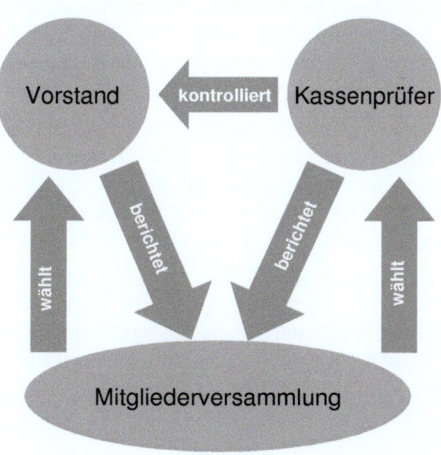

Abb. 1: Beziehungen und Kommunikation im Verein

DIE HISTORIE DER KASSENPRÜFUNG

Die Grundzüge des Vereinsrechts sind im Bürgerlichen Gesetzbuch (BGB) seit dem 1. Januar 1900 mehr oder weniger unverändert vorgegeben. Darin sind nahezu alle Situationen des Vereinslebens von der Vereinsgründung bis zur Liquidation geregelt. Es findet sich jedoch kein konkreter Hinweis auf etwas wie die Kassenprüfung[5]. Weder zu ihrer Funktion noch zu ihren Aufgabengebieten und auch nicht zur Rolle des Kassenprüfers.

Demnach könnte ein Verein vollständig auf den Vorgang der Kassenprüfung verzichten.

Dennoch existiert in fast jeder Vereinssatzung der Hinweis auf eine Kassenprüfung durch bestimmte Personen.

Die satzungsmäßige Berücksichtigung dieser Tätigkeit entspricht immer dem Wunsch der Vereinsmitglieder nach einer Überprüfung des Finanzgebarens des Vereins und seiner Vertreter.

Der Begriff des "Kassenprüfers" lässt sich historisch damit erklären, dass sich das Vereinsvermögen bzw. die Vermögensverwaltung früher auf eine zu führende "Vereinskasse" beschränkte. Erst die steuerlichen Vorgaben der Vereinsbuchführung, insbesondere die gesetzlichen Regelungen aus der Abgabenordnung, führten dazu, dass zwar immer noch eine "Vereinskasse" geführt wird, sich jedoch der Aufgabenbereich des hierfür zuständigen Geschäftsführers/Kassenwarts/Kassierers/Schatzmeisters zunehmend vergrößert hat und komplexer geworden ist.

Bei der Kassenprüfung handelt es sich daher längst nicht mehr um die ausschließliche Prüfung der Barkasse, sondern um die Einsichtnahme in die gesamte finanzielle Situation des Vereins, also auch in die Buchhaltung und die verschiedenen Vereinskonten, in die Vermögenssituation und die Vermögensverwaltung.

Unabhängig davon, ob in der Vereinssatzung diese Tätigkeit als Kassenprüfung, Rechnungsprüfung, Abschlussprüfung oder Revision bezeichnet wird, es kommt auf die in den folgenden Kapiteln beschriebenen Aufgabenbereiche und die damit verbundenen Befugnisse der Kassenprüfer an.

---

[5] Auch nicht in den steuerrechtlichen Vorschriften wie der Abgabenordnung (AO)

DER IDEALE KASSENPRÜFER

Der Kassenprüfer vertritt in seiner Funktion die Mitglieder des Vereins und genießt deren Vertrauen. Da dem Kassenprüfer eine bedeutende Rolle zur Entlastung des Vorstands zukommt, ist es wichtig, dass seine Stellung bei den Mitgliedern des Vereins **unumstritten** ist.

Obgleich der Kassenprüfer ein Ehrenamt bekleidet, sind die für seine Aufgabe benötigten Fähigkeiten eher **professioneller** Natur.

Der ideale Kassenprüfer sollte mindestens über Grundwissen in der Buchführung verfügen. Von Vorteil ist es, wenn der Kassenprüfer die Grundsätze der ordnungsgemäßen Buchführung (GOB) und des Vereinssteuerrechts kennt. Letzteres ist speziell bei gemeinnützigen Vereinen abweichend vom „normalen" Steuerrecht und sollte dem Kassenprüfer zumindest dann bekannt sein, wenn in dem zu prüfenden Verein wesentliche steuerrelevante Geschäftsvorfälle vorkommen.

Der sichere Umgang mit kaufmännischer Anwendungssoftware und den gängigsten Auswertungen aus elektronischen Buchführungssystemen (Journal, Summen und Saldenliste etc.) sollten zu seinen Fähigkeiten gehören.

Der Kassenprüfer sollte völlig **unabhängig, unbefangen und unparteilich** sein Amt ausüben. Dazu ist es unbedingt notwendig, dass der Kassenprüfer in keinem Abhängigkeitsverhältnis zum Vorstand oder dem Kassenwart steht.

Demnach scheiden alle ehrenamtlichen Funktionsträger und bezahlte Mitarbeiter des Vereins als Kassenprüfer grundsätzlich aus. Sie sollten nicht als Kassenprüfer kandidieren, da sie in der Rolle des Kassenprüfers wahrscheinlich nicht immer **unbefangen** und mit der notwendigen Konsequenz handeln würden. Dazu zählen auch Personen, die für den Verein im weiteren Sinne kaufmännisch tätig sind und z.B. dem Fest- und Organisationsausschuss angehören.

Wer es dem Vorstand einmal „richtig zeigen" will, und deswegen als Kassenprüfer kandidiert, ist möglicherweise bei der Beurteilung der Geschäftsführung nicht **unparteilich**. Da dies oftmals zum Schaden des Vereins erfolgt, sollte der Kandidat auf das Amt des Kassenprüfers verzichten.

In jedem Fall sollte es vermieden werden, Familienangehörige von Vorständen, Kassenwarten etc. für das Amt vorzuschlagen, da hier in hohem Masse die unabhängig, unbefangen und unparteilich in Zweifel gestellt werden kann.

Je nach Größe des Vereins kann die Durchführung der Kassenprüfung eine beachtliche Zeit in Anspruch nehmen. Sie sollten diese Zeit großzügig einplanen, um die Kassenprüfung **gewissenhaft** und ohne Zeitdruck durchführen zu können.

Sie sind als Kassenprüfer **verschwiegen**. Da Ihnen bei der Kassenprüfung fast alle Vereinsunterlagen zur Einsicht offen stehen, haben sie Zugang zu Dokumenten, die dem Personen- und Datenschutz unterliegen. Dazu gehören u.a. Personalabrechnungsunterlagen, die Personendaten von Mitarbeitern enthalten. Es versteht sich von selber, dass sie darüber ausschließlich mit dem Vorstand und den jeweils betroffenen Personen reden dürfen.

Über ihre Ergebnisse der Kassenprüfung dürfen Sie nur mit dem Vorstand und innerhalb der Mitgliederversammlung auch mit den übrigen Vereinsmitgliedern reden.

Sollte es eine der zuvor genannten Unvereinbarkeiten von Ämterfunktionen des Kassenprüfers geben, kann es im Extremfall dazu führen, dass Beschlüsse der Mitgliederversammlung, die sich auf die Aussagen des Kassenprüfers abstützen, zivilrechtlich vor einem ordentlichen Gericht angefochten werden können, weil die Unabhängigkeit des Kassenprüfers angezweifelt wird. Der sich daraus ergebende Schaden für den Verein lässt sich unter Beachtung der zuvor genannten Kriterien bereits bei der Kandidatensuche vermeiden.

DIE AMTSZEIT DES KASSENPRÜFERS

GESETZLICHE FORDERUNGEN

Gesetzliche Bestimmungen, die regeln wie und wann ein Kassenprüfer zu bestimmen oder zu wählen ist, **gibt es nicht**.

Der Wunsch, Personen in die Funktion des Kassenprüfers zu wählen liegt einzig in dem Willen der Vereinsmitglieder begründet. Würden sie dies nicht wollen, könnten sie die evtl. vorhandenen, sich auf die Funktion des Kassenprüfers beziehenden, Regelungen der Satzung mit entsprechendem Mehrheitsbeschluss ändern.

DIE WAHL ZUM KASSENPRÜFER

Wenn es um die Neubesetzung des Kassenprüferamts geht, gibt es nur selten konkrete Vorschläge aus der Mitgliederversammlung. In der Regel läuft die Kandidatensuche eher schwerfällig und zäh ab. Dies vorhersehend, wird sich ein vorausschauender Vorstand bereits vor der nächsten Mitgliederversammlung nach geeigneten Kandidaten umsehen und sich die Bereitschaft zur Übernahme dieses Amtes zusichern lassen.

Nur selten kommt es vor, dass mehrere Kandidaten um das Amt des Kassenprüfers konkurrieren. In diesen Fällen wird die Wahl in der Regel geheim durchgeführt. In den allermeisten Fällen wird jedoch der eine Kandidat auf das Amt des Kassenprüfers durch einfaches Handzeichen der Mehrheit der anwesenden[6] Mitglieder gewählt. Wenn dieser dann die Wahl annimmt, ist die Wahl erfolgreich beendet.

VEREINSFREMDE EHRENAMTLICHE KASSENPRÜFER

Der Grund für die Berücksichtigung von Nichtmitgliedern liegt (leider) darin, dass häufig nicht genug Vereinsmitglieder wegen z. B. anderweitiger ehrenamtlicher Tätigkeit im Verein für diese Position zur Verfügung stehen. Andererseits wird sehr häufig bei Klein- und Mittelvereinen die Auffassung vertreten, dass man der Übertragung von Kontrollrechten, trotz Hinweis auf strikte Geheimhaltungspflichten, Außenstehenden nicht gerne gewären will.

Im Allgemeinen wird der Vorstand daher Mitglieder aus dem eigenen Verein darauf ansprechen, diese Prüfungstätigkeit zu übernehmen.

---

[6] Oder entsprechend der Regelung in der Satzung.

HAUPTAMTLICHER KASSENPRÜFER

Sollte sich bei der Mitgliederversammlung unter Beachtung der zuvor genannten Kriterien kein geeigneter Kandidat für das Amt des Kassenprüfers finden lassen, sollte dies im Protokoll der Mitgliederversammlung ausdrücklich vermerkt werden.

Der Vorstand sollte sich in diesem Fall die Zustimmung der Mitgliederversammlung einholen, diese Aufgabe (zumindest bis zu den nächsten Neuwahlen) an eine vereinsexterne Person, evtl. gegen Bezahlung, zu vergeben.

Da dieses Ehrenamt in vielen Vereinen nur sehr schwer besetzt werden kann, sehen einige Vereine bereits per Satzung oder Beschluss der Mitgliederversammlung vor, die Kassenprüfung einem Steuerberater, Wirtschafts- oder Buchprüfer zu übertragen.

Nachfolgend ein Beispiel für eine entsprechende Formulierung in der Satzung:

"Die jährlich vorzunehmende Kassenprüfung des Vereins hat durch ein auf die Durchführung von Kassenprüfungen spezialisiertes Beraterbüro oder Angehörige der Steuerberatenden Berufe zu erfolgen. Über das Ergebnis der vorgenommenen Prüfung ist in der Mitgliederversammlung zu informieren. Der Aufgabenbereich umfasst ..."

Welcher Berater oder welche Kanzlei mit der Kassenprüfung beauftragt werden soll, sollte von der Mitgliederversammlung beschlossen werden. Durch diese Zustimmung werden etwaige Bedenken oder Diskussionen wegen der Beauftragung eines bestimmten Beraters oder Beratungsbüros bereits im Voraus vermieden.

WIE VIEL KASSENPRÜFER SIND SINNVOLL?

Die Grenze einer ehrenamtlich und damit unentgeltlich durchführbaren Kassenprüfung ist dann erreicht, wenn der Prüfungsumfang deutlich mehr als 8 Zeitstunden in Anspruch nimmt, um sie in ausreichend guter Qualität durchzuführen.

Die schlechteste Lösung wäre es, den Prüfungsumfang und damit die Qualität der Kassenprüfung zu reduzieren, um den Kassenprüfer zu entlasten.

Besser ist es, wenn in diesem Fall im Verein geprüft wird, ob das Problem durch eine Aufteilung der Aufgaben auf mehrere Kassenprüfer gelöst werden kann. Diese können sich dann die Gesamtaufgabe der Kassenprüfung untereinander aufteilen und parallel durchführen. Dadurch verkürzt sich die individuelle Prüfungszeit des jeweiligen Kassenprüfers.

Sehr wichtig ist dann jedoch die vorherige genaue Aufgabenverteilung und die Ergebniszusammenführung nach den Teilprüfungen.

Ein weiterer guter Grund für die Wahl von mehr als einem Kassenprüfer ist die Möglichkeit der gegenseitigen Vertretung und der fachlichen Ergänzung, getreu dem Motto „vier Augen sehen mehr als zwei".

ERNENNUNG DURCH DEN VORSTAND

Zuweilen kommt es vor, dass der gewählte Kassenprüfer zum Zeitpunkt der durchzuführenden Kassenprüfung nicht mehr für dieses Amt zur Verfügung steht. Dies kann durch das Ausscheiden aus dem Verein oder wichtigen Gründen der Verhinderung, z.B. längere Krankheit, verursacht sein.

Die Mitgliederversammlung hat durch die Wahl eines Kassenprüfers den eindeutigen Willen bekundet, dass eine Kassenprüfung erfolgen soll.

Wurden mehrerer Kassenprüfer gewählt, genügt es grundsätzlich, wenn mindestens eine Person zur Durchführung der Kassenprüfung bereit steht. Da der auf die verbliebene Person entfallende Umfang der Kassenprüfung durch den Ausfall des anderen Kassenprüfers erhöht sein kann, ist auch hier zu überlegen eine Ersatzperson zu finden.

In den meisten Fällen wird es zu aufwändig sein, eine Mitgliederversammlung einzuberufen, „nur" um einen neuen Kassenprüfer zu wählt. In der Regel tritt der Notstand ein, wenn der Jahresabschluss vorliegt und die nächste ordentliche Mitgliederversammlung ansteht, auf der ja der Kassenprüfer einen Kassenprüfungsbericht abzugeben hat.

In so einem Fall ist es zulässig und auch praktikabel, dass der Vorstand eine Person als Kassenprüfer bestellt und sich die Entscheidung für diese Person im Nachhinein von der Mitgliederversammlung nachträglich bestätigen lässt.

So hat der Vorstand alles getan, um seine vom Kassenprüfer der Mitgliederversammlung vorzuschlagende Entlastung zu ermöglichen. Die Mitgliederversammlung wiederum hat alle Möglichkeiten der Einflussnahme. So kann sie auch die vom Vorstand bestellte Person als Kassenprüfer im Nachhinein ablehnen.

In diesem Fall sollte die Mitgliederversammlung eine Person ihres Vertrauens zum Kassenprüfer wählen und die Kassenprüfung von dieser (erneut) durchführen lassen. Der vorbereitete Kassenprüfungsbericht des vom Vorstand bestellten Kassenprüfers hat dann keine weitergehende Bedeutung und sollte der Mitgliederversammlung auch nicht zur Kenntnis vorgelegt werden.

DAUER DER AMTSZEIT

In vielen Vereinen endet die Amtszeit des Kassenprüfers mit der Vorlage des Kassenprüfungsberichts in der nächsten ordentlichen Mitgliederversammlung.

Es gibt keine rechtlichen Bedenken gegen eine Wiederwahl des Kassenprüfers. Es sei denn, eine entsprechende Satzungsregelung schließt dies von vornherein aus. Es ist letztendlich die Entscheidung der Mitgliederversammlung, ob sie dem aktuellen Kassenprüfer auch für die nächste Prüfungsperiode ihr Vertrauen aussprechen möchte, oder eine Neubesetzung des Amtes vorzieht.

Bewährt hat sich in vielen Vereinen die Möglichkeit, grundsätzlich zwei Kassenprüfern zu wählen und einen "sanften" Übergang dadurch herbeizuführen, dass jeweils nach einer oder zwei Amtsperioden zu einem erfahrenen Kassenprüfer aus der abgelaufenen Prüfungsperiode ein neuer Kassenprüfer durch die Mitgliederversammlung gewählt wird. So kann der „neue" Kassenprüfer mit dem erfahrenen Kassenprüfer mindestens eine Kassenprüfung gemeinsam durchführen und hat dabei die Möglichkeit von den Erfahrungen des „alten" Kassenprüfers zu lernen. Dadurch besteht die Chance einer gewissen Kontinuität durch den Wissensübergang an den nachfolgenden Kassenprüfer.

Die mehrjährige Tätigkeit qualifiziert den Kassenprüfer durch seine vielen erworbenen Erfahrungen. Dem steht jedoch die mögliche Tendenz gegenüber, dass die jährliche Kassenprüfung vielleicht doch zu routinemäßig abgewickelt wird. Daher ist es ideal, einem über mehrere Jahre erfahrenen Kassenprüfer regelmäßig einen zweiten neuen Kassenprüfer beizustellen.

BEZAHLUNG DES KASSENPRÜFERS

Bei dem Amt des Kassenprüfers handelt es sich um eine echte ehrenamtliche Tätigkeit. Eine wie auch immer geartete Bezahlung für diese oft nicht leichte Aufgabe muss auf jeden Fall aus steuerlichen - aber auch gemeinnützigkeitsrechtlichen - Aspekten vermieden werden. Denkbar wäre allenfalls eine Erstattung von nachgewiesenen (meist minimalen) Aufwendungen, etwa für Fahrtkosten, Büromaterial oder Telefonate etc.

DER PRÜFUNGSAUFTRAG

Verbunden mit seiner Wahl ist dem Kassenprüfer ein Prüfungsauftrag von der Mitgliederversammlung erteilt worden. Dieser Prüfungsauftrag kann inhaltlich sehr unterschiedlich definiert sein.

In einigen Fällen beschränkt sich der Prüfungsauftrag lediglich auf die rechnerische Richtigkeit der Kassengeschäfte des Vereins. Es kann sogar ausdrücklich die weitergehende Überprüfung der Zweckmäßigkeit der vom Vorstand genehmigten Ausgaben von der Prüfung ausgeschlossen sein.

In vielen Fällen, in denen bereits in der Satzung der Prüfungsauftrag beschrieben wird, ist dieser jedoch umfassender gefasst.

Hierzu ein Satzungsmuster:

... Den Kassenprüfern obliegt die Prüfung aller Kassen des Vereins, einschließlich der Abteilungskassen und etwaiger Sonderkassen/Barkassen. Die Kassenprüfer sind zur umfassenden Prüfung der Kassen einschließlich des Belegwesens in sachlicher und rechnerischer Hinsicht berechtigt und verpflichtet.

Prüfungsberichte sind in der Mitgliederversammlung vorzulegen und zu erläutern.

In den allermeisten Fällen wird die Wahl des Kassenprüfers in der Satzung geregelt. Der damit verbundenen Prüfungsauftrag wird in der Regel jedoch nicht oder nicht genau genug beschrieben oder eingegrenzt, als dass er dem Kassenprüfer als Handlungsleitlinie dienen könnte.

Unabhängig davon, ob und in welchem Umfang ein Prüfungsauftrag erteilt wurde, der Kassenprüfer hat in jedem Fall den Auftrag erhalten, einen Kassenprüfungsbericht für die Mitgliederversammlung abzugeben.

Im Kassenprüfungsbericht hat der Kassenprüfer alle Punkte seiner Prüfungstätigkeit dokumentiert und für die Mitgliederversammlung zusammengefasst.

Der Kassenprüfer empfängt seinen Prüfungsauftrag ausschließlich von der Mitgliederversammlung und nicht vom Vorstand.

DIE PFLICHTEN DES KASSENPRÜFERS

Wenn der Prüfungsumfang nicht durch Satzungsvorgaben oder anderweitige Vereinsordnungen bestimmt ist, lässt sich dieser aus HGB § 317[7] ableiten.

Auf unsere Vereinssituation übertragen hat der Abschlussprüfer die Verpflichtung, zu prüfen, ob der Geschäftsbericht (des Vereinsvorstands bzw. Kassenwarts) mit dem Jahresabschluss sowie mit den bei der Kassenprüfung (Abschlussprüfung) gewonnenen Erkenntnissen in Einklang steht.

In § 317 HGB wird der Abschlussprüfer auf seine Verpflichtung hingewiesen, die Buchführung in die Prüfung einzubeziehen, um Unrichtigkeiten in der Darstellung der Vermögens- Finanz- und Ertragslage des Unternehmens zu erkennen. Des weiteren hat der Abschlussprüfer zu prüfen, ob die gesetzlichen Vorschriften und ... Bestimmungen ... der Satzung beachtet worden sind.

Der Kassenprüfer hat gewisse Freiheiten in der Gestaltung seines Prüfungsauftrags. Diese werden jedoch von der Pflicht zu einem fachgerechten Vorgehen in der Prüfungsdurchführung begrenzt. Stellt der Kassenprüfer z.B. im Rahmen einer Stichprobenprüfung eine überdurchschnittlich hohe Anzahl von Fehlern fest, ist er verpflichtet, den ursprünglich geplanten Prüfungsumfang bis hin zu einer evtl. vollständigen Prüfung auszudehnen. Auch, wenn dies den vorgesehenen Zeitrahmen deutlich überschreitet. Tut er dies nicht, handelt er gegen seine Pflicht, Unrichtigkeiten zu erkennen.

Der Kassenprüfer ist verpflichtet, einem Verdachtsmoment solange nachzugehen, bis Klarheit über den Sachverhalt besteht.

Abgrenzung:

Es ist nicht die Pflicht eines Kassenprüfers, eine Buchhaltung aufzubauen, Einzelbuchungen vorzunehmen oder Abschlüsse vorzubereiten. Dies sind eindeutig Aufgaben des Vorstands, bzw. derer, die im Auftrag des Vorstands handeln (Kassenwarte/Schatzmeister usw.).

---

[7] Dies ist eine Spezialvorschrift für den berufsmäßig tätigen Abschlussprüfer von Kapitalgesellschaften. Diese gilt sinngemäß auch für den Verein.

DIE HAFTUNG DES KASSENPRÜFERS

Die vom Kassenprüfer beantragte Entlastung des Vorstands/ Kassenwarts bewirkt das ausdrückliche Einverständnis der Mitgliederversammlung mit der bisherigen Geschäftsführung/ Kassenführung des Vorstandes und den Verzicht auf alle Ansprüche des Vereins gegenüber dem Vorstand.

Dies gilt nicht bei arglistiger Täuschung, Betrug, Unterschlagung usw. und nur soweit, als es bei sorgfältiger Prüfung des Vereins/der Mitgliederversammlung erkennbar war.

Steuer- und sozialversicherungsrechtlich gelten möglicherweise andere, i. d. Regel weitergehende Haftungstatbestände, wie:

- Steuerhinterziehung
- Sozialabgabenbetrug
- Arbeitgeberhaftung
- Spendenhaftung

Auch nach Entlastung durch die Hauptversammlung oder auch Ausscheiden eines Vorstandes kann ein Vorstandsmitglied aus den o. g. Haftungstatbeständen weiterhin persönlich haften. In erster Linie dann, wenn sich das Vorstandsmitglied „grobes Verschulden" und/oder Leichtfertigkeit vorwerfen lassen muss.

Diese Tatbestände werden meist durch steuerliche oder sozialversicherungsrechtliche Außenprüfungen aufgedeckt.

Die Verjährungsfrist z. B. für hinterzogene Steuern beträgt 10 Jahre

Die (Mit-)Haftung kommt in diesen Bereichen auch für den Kassenprüfer in Betracht. Dann nämlich, wenn der Kassenprüfer zum Mithelfer wird, in dem er selbst grob fahrlässig, bzw. vorsätzlich handelt bzw. das offensichtliche Fehlverhalten duldet. Er kann dann auch gegenüber den Finanzbehörden als Haftungsschuldner herangezogen werden.

Entdeckt der Kassenprüfer z.B. eine Steuerhinterziehung des Vorstands / Kassenwarts, hat er diesen sofort zu informieren und zur Selbstanzeige aufzufordern. In der Mitgliederversammlung ist dieser Umstand entsprechend zu thematisieren und ggf. die Entlastung des Vorstands (evtl. punktuell) zu verweigern.

DIE RECHTE DES KASSENPRÜFERS

DAS EINSICHTSRECHT

Aus den zuvor beschriebenen Prüfungspflichten des § 317 HGB lässt sich zumindest mittelbar das Recht ableiten, Einsicht in *alle* Unterlagen zu erhalten, die zur Erfüllung des Prüfungsauftrags beitragen können. Eine Einschränkung durch konkrete Vorgaben sind dem § 317 HGB nicht zu entnehmen. Das heißt, der Abschlussprüfer bestimmt selber, welche Unterlagen er zur Prüfung einsehen möchte. Diese sind ihm dann auch zeitnahe zugänglich zu machen.

Nun gilt § 317 HGB für den berufsmäßig aktiven Abschlussprüfer (Steuerberater, Wirtschaftsprüfer) im Rahmen der Abschlussprüfung bei einer Kapitalgesellschaft. Bezogen auf das Einsichtsrecht sind die Bestimmungen des § 317 HGB jedoch in vergleichbarer Weise auf die Prüfungssituation durch einen ehrenamtlichen Kassenprüfer in einem Verein zu übertragen. Vorausgesetzt, er ist nicht durch Satzungsvorgaben oder anderweitige Vereinsordnungen an bestimmte Pflicht-Prüfungsaufgaben gebunden.

Der Kassenprüfer hat die Berechtigung, zusätzlich zu den Unterlagen, die für die Prüfung notwendigen Auskünfte einzuholen. Dazu ist ihm in der Regel der Kassenwart/Schatzmeister aufgrund seiner Detail- und Sachkenntnis der ideale Ansprechpartner. Kann der Kassenwart keine ausreichende Auskunft geben, so ist der Kassenprüfer berechtigt, auch andere Personen des Vorstands und des erweiterten Vorstands zu befragen.

Kann der Kassenprüfer auch nach intensiver Befragung beispielsweise eine Ausgabenposition nicht klären, so beschränkt sich seine Prüfungstätigkeit auf die Dokumentation des Ergebnisses, dass zu der Ausgabenposition XYZ auch Mithilfe der direkten Befragung des Vorstands keine Klärung herbeigeführt werden konnte.

DAS PRÜFUNGSRECHT

Der Kassenprüfer hat grundsätzlich das Recht, all das zu prüfen, was für ihn zur Feststellung der Ordnungsmäßigkeit der Geschäftsführung, der Buchhaltung und der Wahrhaftigkeit des Geschäftsberichts beiträgt.

Enthält die Satzung oder ein hierfür erwirkter Beschluss der Mitgliederversammlung keine Vorgaben, ist der Kassenprüfer zunächst frei bei der Bestimmung des Umfangs seiner Prüfungstätigkeit.

Er kann sich an den bisherigen Erfahrungen und der Vorgehensweise in den Vorjahren orientieren. Ist daran aber nicht gebunden.

Wenn in den Vorjahren z.B. die Kassenprüfung nur aus der Überprüfung der Kassen- und Vermögensbestände und dem Abgleich mit den Belegen/Rechnungen umfasste, so kann es für den Kassenprüfer in der aktuellen Prüfung zusätzlich von Bedeutung sein, zu prüfen, ob z.B. die Einnahmen zutreffend im ideellen Bereich, im Bereich der Vermögensverwaltung, dem Zweckbetrieb oder dem wirtschaftlichen Geschäftsbetrieb zugeordnet wurden.

Oft sehen Prüfungsordnungen konkretere Vorgaben für Prüfungstätigkeiten vor, bis hin zur Überprüfung, ob z. B. Einnahmen und Ausgaben zutreffend im

- ideellen Bereich,

- im Bereich der Vermögensverwaltung,

- dem Zweckbetrieb oder

- dem wirtschaftlichen Geschäftsbetrieb

zugeordnet wurden.

Besteht keine entsprechende Prüfungsordnung und liegt kein konkreter Auftrag der Mitgliederversammlung vor, hat der Kassenprüfer dennoch das Recht, eine Prüfung dieser Art vorzunehmen. Eine diesbezügliche Pflicht dazu besteht jedoch nicht.

Der Kassenprüfer sollte es vermeiden, ohne konkrete Vorgaben[8] seine Prüfungstätigkeiten auf die Überprüfung der *Zweckmäßigkeit* von getätigten Ausgaben zu erweitern. Hier liegt eindeutig die Grenze seines natürlichen Prüfungsrechts.

Die Darstellung der Zweckmäßigkeit von Ausgaben obliegt dem Vorstand in seinem Geschäftsbericht. Diese im Kassenbericht anzuzweifeln steht dem Kassenprüfer nicht zu und lässt sich auch aus keiner Vorschrift ableiten.

---

[8] Der Satzung, oder der Finanzordnung, oder Auftrag der Mitgliederversammlung etc.

PRÜFUNGSGRUNDSÄTZE

Wie zuvor dargestellt, lassen sich viele Rechte und Pflichten des Kassenprüfers aus dem Handelsgesetzbuch (HGB) ableiten.

Wenn wir uns bemühen, Grundsätze aufzustellen, an denen wir uns während unserer Prüfung orientieren wollen, dann sollten hierzu sicherlich die so genannten „Grundsätze ordnungsmäßiger Buchführung" gehören. Diese werden auch gerne mit ihrer Abkürzung, „GoB" bezeichnet.

Bei den GoB handelt es sich um einen so genannten „unbestimmten Rechtsbegriff". Mit ihm wird ein Tatbestand nur sehr allgemein umschrieben. Der Gesetzgeber hat mit den GoB eine besondere Form gewählt, etwas zu beschreiben, was im HGB gesetzlich angeführt und dort zum Teil auch konkretisiert ist. Zusätzlich stützen sich die GoB auf außergesetzliche Normen und Erkenntnisquellen ab, die der Kaufmann im Rahmen der Rechnungslegung zu beachten hat.

Was für den Kaufmann ein zwingender Grundsatz ist, sollte in einem Verein nicht gänzlich anders gehandhabt werden. Denn ein Verein handelt auch kaufmännisch. Obgleich er nicht zwingend ein Kaufmann im Sinne des HGB ist.

Die GoB gelten **rechtsformunabhängig** für alle Kaufleute, es gibt keine rechtsformspezifischen GoB.

Die GoB sind eine Auslegung von handelsrechtlichen Bilanzierungsvorschriften, die sich aus den folgenden Quellen gewinnen lassen:

- Gesetzesmaterialien und Ansichten des Gesetzgebers
- Der Bedeutungszusammenhang des Gesetzes
- Der Wortlaut und Wortsinn des Gesetzes
- Die Entstehungsgeschichte des Gesetzes
- Die höchstrichterliche Rechtsprechung
- Die betriebswirtschaftlichen Gesichtspunkte
- Die Zwecke von Buchführung und Jahresabschluss
- Die Ansichten der (ordentlichen und ehrenwerten) Kaufleute
- Die Ansichten der anderen Jahresabschlussadressaten

Die Grundsätze ordnungsmäßiger Buchführung lassen sich aufteilen in die eigentlichen **Buchführungsgrundsätze** und die Grundsätze ordnungsmäßiger Bilanzierung (**Bilanzierungsgrundsätze**) sowie die Grundsätze ordnungsmäßiger Inventur, die Grundsätze ordnungsmäßiger Erfolgsrechnung und die Grundsätze ordnungsmäßiger Speicherbuchführung. Die Bilanzierungsgrundsätze beziehen sich auf die Aufstellung des Jahresabschlusses.

Wir werden uns hier auf die Buchführungsgrundsätze und die Bilanzierungsgrundsätze konzentrieren, da sie im Zusammenhang der Kassenprüfung im Verein von besonderer Relevanz sind.

BUCHFÜHRUNGSGRUNDSÄTZE

In der nachfolgenden Auflistung sind die wesentlichen Grundsätze ordnungsmäßiger Buchführung aufgeführt.

GRUNDSATZ DER KLARHEIT UND ÜBERSICHTLICHKEIT

Ein sachverständiger Dritter (z.B. der Kassenprüfer) muss sich in der Buchführung in angemessener Zeit zurechtfinden und sich einen Überblick über die Geschäftsvorfälle und die Vermögenslage des Unternehmens verschaffen können. Dazu ist es notwendig, dass

- der Kontenplan hinreichend tief gegliedert ist,

- der Inhalt der Geschäftsvorfälle verständlich ist,

- das Gegenkonto einer Buchung angegeben ist,

- das Datum einer Buchung angegeben ist,

- die Buchungen fortlaufend dokumentiert und abgelegt sind,

- unklare Geschäftsvorfälle separat dargestellt sind.

GRUNDSATZ DER RICHTIGKEIT UND WILLKÜRFREIHEIT

In den Handelsbüchern (auch im Buchungssystem) wird der sachlich richtige Inhalt der Buchungsbelege wiedergegeben. Die Geschäftsvorfälle sind richtig zugeordnet.

Einträge dürfen nicht nachträglich verändert werden (z. B. als Korrektur für Fehlbuchungen)

GRUNDSATZ DER VOLLSTÄNDIGKEIT

Alle buchungspflichtigen Geschäftsvorfälle sind richtig und vollständig erfasst. Der Überblick über die Vermögens- und Ertragslage ist vollständig gegeben.

GRUNDSATZ DER STETIGKEIT

Beibehaltung der gewählten Elemente, d.h. gleiche Konteninhalte und gleicher Kontenplan innerhalb eines Geschäftsjahres

GRUNDSATZ DER ZEITGERECHTEN BUCHUNG

Die Geschäftsvorfälle sind (vor allem, wenn eine monatliche oder quartalsmäßige Umsatzsteuervoranmeldung zu erstellen ist) zeitgerecht zu erfassen. Dazu ist es notwendig, dass

- Kassenvorgänge täglich,

- Zielein- und –Verkäufe bis spätestens zum Ende des Folgemonats,

- und alle anderen nach Art des Geschäftsvorfalls und Verhältnisses des Unternehmens (Vereins)

gebucht werden.

GRUNDSATZ DER BELEGBARKEIT DER BUCHUNG

Keine Buchung ohne Beleg!

Buchungen müssen durch Belege (z. B. durchnummerierte Rechnungen, Quittungen) nachgewiesen werden.

GENERALKLAUSEL

Die Buchführung muss innerhalb eines angemessenen Zeitraumes einem sachverständigen Dritten einen Überblick über die Geschäftsvorfälle und die Lage des Unternehmens verschaffen können.

BILANZIERUNGSGRUNDSÄTZE

Die nachfolgende Auflistung nennt die wesentlichen Grundsätze ordnungsmäßiger Bilanzierung.

VOLLSTÄNDIGKEITSGEBOT

„Der Jahresabschluss hat sämtliche Vermögensgegenstände, Schulden, Rechnungsabgrenzungsposten, Aufwendungen und Erträge zu enthalten, soweit gesetzlich nichts anderes bestimmt ist."

GRUNDSATZ ZEITGERECHTER BILANZIERUNG

Der Jahresabschluss muss innerhalb der einem ordnungsmäßigen Geschäftsgang entsprechenden Zeit aufgestellt werden Als Richtschnur kann gelten, dass der Jahresabschluss binnen Jahresfrist nach dem Bilanzstichtag aufgestellt sein muss. Eine Gewinnermittlung aufgrund ordnungsmäßiger Buchführung liegt nicht vor, wenn der Steuerpflichtige die Bilanz nicht innerhalb eines Jahres nach dem Bilanzstichtag aufstellt.

Als Stichtag für die Bilanzerstellung gilt der Schlusstag des Geschäftsjahres, im Zweifelsfall 24.00 Uhr. Die an diesem Tag herrschende „Realität" ist maßgeblich.

ERHELLUNGSPRINZIP

Zwischen dem Bilanzstichtag und dem eigentlichen Tag der Bilanzerstellung vergeht in der Regel einige Zeit. Deshalb ist es mehr als natürlich, dass Informationen, die in dieser Zeit bekannt werden können, den zu erstellenden Jahresabschluss beeinflussen. Dabei kann es sich um wertaufhellende oder wertbeeinflussende Informationen handeln.

Werterhellende Informationen sind Informationen, die zwischen dem Bilanzstichtag und dem Tag der Bilanzerstellung bekannt werden und das alte Geschäftsjahr betreffen. Sie sind in den Jahresabschluss des alten Geschäftsjahres einzubeziehen.

Wertbeeinflussende Informationen beziehen sich auf einen wirtschaftlichen Sachverhalt nach dem Bilanzstichtag. Diese Informationen sind erst im folgenden Jahresabschluss zu berücksichtigen.

Beispiele:

Ein Verein mit Bilanzstichtag 31.12.2014 erfährt am 13.2.2015 (noch vor der Bilanzerstellung am 15.3.2015) vom Konkurs eines Kunden am 15.12.2014.

Die gegenüber diesem Kunden bestehenden Forderungen sind in der Bilanz zum 31.12.2014 abzuschreiben.

Meldet der Kunde seinen Konkurs erst zum 15.01.2015 an, ist diese Informationen erst im folgenden Jahresabschluss zum 31.12.2015 zu berücksichtigen. Im Jahresabschluss 2014 wird dieses Wissen nicht berücksichtigt.

PERIODISIERUNGSPRINZIP

Sind im abgelaufenen Geschäftsjahr Aufwendungen oder Erträge angefallen, die aber erst in der folgenden Periode zu Zahlungen führen, so sind diese bereits im Jahresabschluss des abgelaufenen Geschäftsjahres als Rückstellungen oder Rechnungsabgrenzungsposten zu berücksichtigen.

Beispiel für Rückstellungen:

Ein Kindergartenverein baut im Dezember 2014 eine neue Schaukel. Die technische Abnahme erfolgt aber erst im nächsten Geschäftsjahr. Die vermuteten Kosten für die technische Abnahmeprüfung werden bereits in der Bilanz zum 31.12.2014 als Rückstellung und in der Gewinn und Verlustrechnung als Aufwand aufgenommen, da sie ursächlich dem Geschäftsjahr 2014 zuzuordnen sind.

Beispiel für Rechnungsabgrenzungsposten:

Ein Kindergartenverein hat die Unfallversicherung zum 1.7. abgeschlossen und zahlt diese einen Monat im Voraus. Insofern sind – angenommen das Geschäftsjahr endet zum 31.12. – 50% der Versicherungsprämien als Aufwand im alten Geschäftsjahr und 50% als Aufwand im neuen Geschäftsjahr zu buchen. Die Abgrenzung der Prämien wird mittels Rechnungsabgrenzungsposten gewährleistet.

NOMINALWERTPRINZIP

Das Prinzip nomineller Kapitalerhaltung besagt, dass weder inflatorische noch deflatorische Geldwertänderungen berücksichtigt werden dürfen.

Nicht akzeptiert wird substantielle Kapitalerhaltung. Eine Bilanzierung zu Wiederbeschaffungskosten ist nicht möglich.

Die nominelle Kapitalerhaltung wird maßgeblich durch das Anschaffungskosten- / Herstellungskostenprinzip erreicht. Die historischen Anschaffungskosten / Herstellungskosten bilden die Obergrenze der Bewertung.

Prüfungsbeispiel:

> Das Inventar eines Kindergartenvereins ist mit seinem Anschaffungswert, abzüglich der Abschreibungen für Abnutzung zu bilanzieren. Obgleich die Wiederbeschaffungskosten und auch der real zu erzielende Verkaufswert deutlich höher sind.
>
> Der Unterschied zwischen dem realen Wert und dem Bilanzwert ist eine stille Reserve. Diese kann erst realisiert werden, wenn das Inventar tatsächlich zu einem höheren Preis als dem Bilanzwert verkauft werden kann.

GRUNDSATZ DER VEREINSFORTFÜHRUNG

Für den Bilanzansatz und die Bewertung von Vermögensgegenständen und Schulden ist grundsätzlich von der Fortführung der Unternehmenstätigkeit / Vereinstätigkeit und nicht z.B. von der Liquidation des Vereins auszugehen

Somit sind alle Vermögensgegenstände zu aktivieren, die in zurückliegenden Perioden zu einer Auszahlung geführt haben und in der Zukunft Einzahlungen erwarten lassen. Die Schulden sind zu passivieren, die in zukünftigen Perioden zu einer finanziellen Verpflichtung des Unternehmens führen, aber bereits in vergangenen Perioden verursacht wurden. Veränderungen der Werte von Vermögensgegenständen und Schulden sind durch Abschreibungen auf der Aktivseite und Zuschreibungen auf der Passivseite zu berücksichtigen.

GRUNDSATZ DER BILANZKLARHEIT

Der Grundsatz der Bilanzklarheit verlangt, dass die Bilanzaussagen den Bilanzadressaten in einer Weise vermittelt werden, dass bei ihnen keine Zweifel auftreten.

GRUNDSATZ DER ÜBERSICHTLICHKEIT

Nach dem Grundsatz der Übersichtlichkeit ist eine formale Bilanzgestaltung gefordert, die es einem mit bilanziellen Fragen durchschnittlich vertrauten Bilanzleser ermöglicht, die relevanten Zusammenhänge ohne größere Schwierigkeiten, d.h. ohne komplizierte Rechen- und Denkprozesse zu verstehen. Wesentlich ist die Einhaltung des Gliederungsschemas.

EINZELABBILDUNGSGRUNDSÄTZE

Vermögensgegenstände und Schulden sind nach- dem Grundsatz der Einzelbilanzierung - einzeln zu bilanzieren, d.h. einzeln auszuweisen. Im Inventar sind die Werte der einzelnen Vermögensgegenstände und Schulden anzugeben.

Für die Bilanz bedeutet dies, über die Bilanzierung jedes einzelnen Bilanzobjektes ist separat zu entscheiden und die Bildung von Bilanzierungseinheiten ist entsprechend angemessen zu treffen. Es kommt auf die wirtschaftliche Betrachtung als Funktionseinheit an. Deshalb sind Stühle einer Kindergartengruppe oder Einheiten eines Computers nicht getrennt zu bilanzieren, da sie eine Funktionseinheit bilden.

Gemäß dem Grundsatz der Einzelbewertung sind die Vermögensgegenstände und Schulden zum Bilanzstichtag einzeln zu bewerten.

Das Bruttoausweisprinzip (Saldierungsverbot) ist in § 246 Abs. 2 HGB verankert. Werterhöhungen einzelner Vermögensgegenstände dürfen z.B. nicht mit Wertminderungen anderer Vermögensgegenstände verrechnet werden. Aktivposten dürfen nicht mit Passivposten verrechnet werden. Grundstücksrechte dürfen nicht mit Grundstückslasten verrechnet werden. Drohende Verluste dürfen nicht mit zu erwartenden Gewinnen verrechnet werden (Kompensationsverbot).

VORSICHTSPRINZIP

Die wirtschaftliche Lage des Vereins soll vorsichtig dargestellt werden.

Das Reinvermögen = Rohvermögen - Schulden ist eher pessimistisch auszuweisen.

Das bedeutet, dass Aktiva eher niedriger anzusetzen sind und Passiva eher höher. Dabei werden (zum Schutze der Gläubiger) stille Reserven gebildet.

Bezüglich der Bewertung von Vermögenswerten oder Schulden verlangt das Vorsichtsprinzip, bei Schätzungen im Bereich der Aktiva die untere Grenze und bei Passiva die obere Grenze zu wählen.

Das Realisationsprinzip

Gewinne dürfen nur dann im Jahresabschluss berücksichtigt werden, wenn sie am Bilanzstichtag realisiert sind.

Beispiel:

> Ein Verein hat in 1990 ein Grundstück zu Anschaffungskosten von EUR 200.000,-- erworben. Bis heute ist der Wert des Grundstücks auf EUR 500.000,-- gestiegen. Das Grundstück darf in der Bilanz höchstens mit den Anschaffungskosten angesetzt werden, nicht aber zu dem höheren Zeitwert. Das Grundstück wird im laufenden Geschäftsjahr verkauft. Der sich ergebende Gewinn wird im Jahresabschluss ausgewiesen.

Imparitätsprinzip

Alle vorhersehbaren Risiken und Verluste, die bis zum Abschlussstichtag entstanden sind, sind zu berücksichtigen

Auf der Passivseite sind zukünftig höhere Verpflichtungen des Unternehmens durch den Ansatz der Schulden mit einem höheren Wert zu berücksichtigen. Auch für drohende Verluste aus einem abgeschlossenen, aber noch von keiner Seite erfüllten (schwebenden) Geschäft sind Rückstellungen zu bilden.

Niederstwertprinzip

Dieser Grundsatz verlangt, dass bei zwei für die Bewertung von Aktiva in Betracht kommenden Werten der niedrigere zu wählen ist. Kodifiziert ist das Prinzip in gemilderter und strenger Ausprägung: Das strenge Niederstwertprinzip gilt für die Bewertung von Umlaufvermögen aller Kaufleute. Danach muss bei der Wahl zwischen Anschaffungs-/Herstellungskosten einerseits und niedrigerem Börsen-/Marktpreis bzw. beizulegendem Wert zwingend der niedrigere angesetzt werden.

Das gemilderte Niederstwertprinzip betrifft das Anlagevermögen und verlangt den niedrigeren Wertansatz (zwischen ggf. fortgeführten Anschaffungs-/Herstellungskosten und beizulegendem Wert) nur unter bestimmten Bedingungen, nämlich bei einer voraussichtlich dauernden Wertminderung. Es gilt für alle Bilanzierenden. Bei vorübergehender Wertminderung wird in diesen Fällen keine Abwertungspflicht, sondern ein -wahlrecht eingeräumt.

Das Höchstwertprinzip

Dies ist die Entsprechung im Bereich der Passiva. Von zwei Ansätzen für Verbindlichkeiten (z.B. Nennwert oder Rückzahlungsbetrag) ist der höhere zu wählen.

DIE PASSENDE GEWINNERMITTLUNGSART

Vereine sind wie Gewerbetreibende, Land- und Forstwirte zur Buchführung verpflichtet, wenn eine der nachfolgenden Grenzen überschritten wird (§ 141 AO). Wer diese Grenzen nicht erreicht, kann seinen Gewinn mittels der wesentlich einfacheren Einnahmen-Überschussrechnung nach § 4 Abs. 3 EStG ermitteln.

Umsatzgrenze   500.000 EUR

Gewinngrenze   50.000 EUR

Beim Überschreiten dieser Grenzen, wird das Finanzamt den Verein schriftlich auffordern, ab dem nächsten darauf folgenden Kalenderjahr/ Wirtschaftsjahr zur Bilanzierung (Vermögensvergleich) überzugehen. Die Erstellung einer Eröffnungsbilanz wird dann gefordert und der Verein ist verpflichtet, eine dem Gesetz nach ordnungsgemäße Buchführung zu erstellen.

Wenn die o.g. Beträge nicht im steuerpflichtigen wirtschaftlichen Geschäftsbetrieb überschritten werden, kann der Verein bei der Erstellung der Einnahmen-Überschussrechnung verbleiben.

Bei der Einnahmen-Überschussrechnung werden lediglich die Betriebseinnahmen den Betriebsausgaben gegenüber gestellt, sodass hierbei Veränderungen im Betriebsvermögen, wie Forderungen und Rückstellungen, nicht berücksichtigt werden.

Die Buchführung bildet die Grundlage für die steuerliche Gewinnermittlung durch Betriebsvermögensvergleich nach § 4 Abs. 1 EStG. Diese Gewinnermittlungsart setzt eine Bilanzierung voraus und ist damit gegenüber der Einnahmen-Überschussrechnung detaillierter, aber auch aufwändiger.

Zur Buchführung verpflichtet sind - unabhängig von einer Umsatz- oder Gewinngrenze - stets Kaufleute im Sinne des § 238 HGB. Diese Buchführungspflicht gilt auch für das Steuerrecht (§ 140 AO). Die Regelung betrifft Kaufleute, die ein Handelsgewerbe betreiben, sowie Unternehmer und Vereine, deren Gewerbebetrieb nach Art und Umfang einen kaufmännischen Geschäftsbetrieb erfordert.

Zusätzlich zu den genannten Grenzen ist es erforderlich, dass das zuständige Finanzamt den Verein zur Bilanzierung aufgefordert hat.

Das Überschreiten der genannten Grenzen muss der Verein auch nicht selbst überwachen. Die Bilanzierungspflicht ist nämlich erst von dem Beginn des Wirtschaftsjahres an zu erfüllen, das auf die Aufforderung des Finanzamtes folgt. Dadurch hat der Verein genügend Zeit, sich auf die Bilanzierungspflicht einzustellen und die entsprechenden Vorbereitungen zu treffen.

Die Bilanzierung erfordert qualifizierte Buchführungs- und Steuerrechtskenntnisse, daher sind bilanzierungspflichtige Vereine i.d.R. nicht in der Lage, diese Art der Gewinnermittlung selbst vorzunehmen. Es sollte zumindest ein ausgebildete Fachkraft bei der Buchführung beratend beteiligt sein.

Im Gegensatz dazu ist die Einnahme-Überschuss-Rechnung einfach zu handhaben. Die formalen Anforderungen sind sowohl bei der laufenden Buchführung als auch beim Jahresabschluss gering.

Bei der Einnahme-Überschuss-Rechnung werden keine Forderungen und Verbindlichkeiten aufgezeichnet. Es genügt, alle Einnahmen und Ausgaben des Vereins im Zeitpunkt der Zahlung zu erfassen (sog. Zufluss- und Abflussprinzip) und darauf zu achten, dass für jede Buchung ein Beleg vorhanden ist. Das Jahresergebnis des Vereins wird am Ende des Geschäftsjahres in Form einer Einnahmen-Ausgaben-Gegenüberstellung ermittelt:

	Summe der Einnahmen
abzüglich	Summe der Ausgaben
=	Überschuss/Verlust

Achtung! **Kommt es regelmäßig zu einem erheblichen Abgrenzungsbedarf oder sind regelmäßig Rücklagen zu bilden, sollten auch Vereine mit geringeren Umsätzen oder Gewinnen eine Bilanzierung der Einnahmen-Überschuss-rechnung vorziehen.**

Als Beispiele sind hier Vereine zu nennen, die eine öffentliche Refinanzierung als Vorauszahlung mit nachträglicher Spitzabrechnung erhalten. Diese wird dann oftmals erst im übernächsten Geschäftsjahr ausgeglichen. Dadurch hat ein solcher Verein regelmäßig Forderungen oder Verbindlichkeiten gegenüber dem Refinanzierer in einer Höhe von mehreren Tausend Euro.

Diese im Rahmen einer einfachen Einnahmen-Überschussrechnung nicht zu berücksichtigen, verfälscht das Jahresergebnis in dem Jahr, in dem die Vorauszahlung geleistet wurde und noch einmal in dem Jahr, in dem die Spitzabrechnung erfolgt. Somit werden sogleich mehrere der zuvor genannten Bilanzierungsgrundsätze missachtet.

DIE PRÜFUNGSVORBEREITUNG

Als Kassenprüfer haben Sie in der Regel mehrere Monate Zeit, sich auf die Durchführung der Kassenprüfung vorzubereiten. Nach ihrer Wahl durch die Mitgliederversammlung vergeht in den meisten Vereinen ein Jahr bis zur nächsten Mitgliederversammlung, zu der Sie Ihren Kassenprüfungsbericht vorlegen.

Es ist sehr zu empfehlen, dass Sie aktiv auf den Vorstand bzw. den Kassenwart zugehen und sich bereits vor dem Ende des zu prüfenden Geschäftsjahres über den Prüfungsablauf und die geplanten Termine verständigen.

Bieten Sie von sich aus dem Vorstand an, eine Vertraulichkeitserklärung zu unterschreiben, in der Sie dokumentieren, keine Informationen, die Sie im Rahmen Ihrer Kassenprüfung erhalten, an Dritte weiterzugeben. Diese Aktivität Ihrerseits stärkt das Vertrauen zwischen Ihnen und dem Vorstand. Es macht den Vorstand auch formal freier, Ihnen vertrauliche Unterlagen zu überlassen oder zumindest eine Einsicht darin zu gewähren.

DIE VORBEREITUNG FÜR DEN KASSENPRÜFER

Bitten Sie den Vorstand um Unterlagen, die Ihnen den Handlungsrahmen, in dem sich der Verein bewegt, frühzeitig bekannt machen. Sie haben einen Anspruch auf die Zusammenstellung eines Ordners mit folgendem Inhalt:

- Die aktuelle Vereinssatzung	Bei einem Wechsel der Vereinssatzung im zu prüfenden Geschäftsjahr, benötigen Sie beide Versionen.
- Das Protokoll der letzten Mitgliederversammlung	Darin könnten Hinweise auf den Prüfungsauftrag enthalten sein.
- Alle Protokolle der Vorstandssitzungen des zu prüfenden Geschäftsjahres.	Wesentlich sind die protokollierten Vorstandsbeschlüsse. Aus diesen lassen sich viele Informationen gewinnen, die während der eigentlichen Kassenprüfung von hoher Bedeutung sein können.
- Die letzten Kassenprüfungsberichte	Sie lernen die Art und Weise der vergangenen Kassenprüfungen kennen und werden durch die Analyse der festgestellten Fehler und Schwierigkeiten Schwerpunkte für Ihre eigene

	Prüfungsaktivität ziehen können.
- Aktueller Freistellungsbescheid des Finanzamts	Dieser Bescheid darf nicht älter als drei Jahre sein. Ohne ihn fehlt die Grundlage zur Gemeinnützigkeit.
- Muster einer Zuwendungsbescheinigung a) für eine Geldspende, b) für eine Sachspende	Bereits vor der eigentlichen Kassenprüfung kann das Themengebiet „Spenden" durch die se Unterlagen umrissen werden. Der Kassenprüfer erhält so bereits frühzeitig einen Einblick in die steuerlichen Rahmenbedingungen des Vereins.
- Bescheid der letzten Betriebsprüfung durch die Bundesversicherungsanstalt für Angestellte (BfA).	Ist nur von Bedeutung, wenn der Verein Personal beschäftigt. Aus dem Bescheid lässt sich ablesen, ob die Gehaltsabrechnung in Bezug auf die Sozialabgaben korrekt durchgeführt wurde.
- Bericht der letzten Lohnsteuerprüfung des Finanzamts.	Ist nur von Bedeutung, wenn der Verein Personal beschäftigt. Aus dem Bericht lässt sich ablesen, ob die Gehalts-abrechnung in Bezug auf die Lohnsteuer korrekt durchgeführt wurde.

Legen Sie Wert darauf, dass Ihnen die Unterlagen ausgeduckt auf Papier vorgelegt werden. Eine Überlassung auf Datenträgern oder gar der Link auf eine Inter-/Intranetseite sollte Ihnen nicht genügen. Sie sind damit nämlich auf einen technischen Zugriff angewiesen, der unter Umständen (nämlich genau dann wenn Sie ihn am dringendsten brauchen) auch mal nicht vorhanden sein kann und Sie an der Ausführung Ihrer Prüfungsarbeit hindert. Sein Sie jedoch aufgeschlossen, wenn Ihnen eine solche Lösung zusätzlich zum Papierausdruck angeboten wird. Wenn sie gut funktioniert, kann sie Ihre Prüfungsarbeit vereinfachen.

Wenn Sie im Besitz der Unterlagen sind, lesen Sie diese durch und versuchen Sie den Gesamtzusammenhang zu begreifen. Das kann bei komplexen Vereinsstrukturen schwierig sein. Suchen Sie den persönlichen Kontakt und klären Sie offene Fragen noch vor dem vereinbarten Kassenprüfungstermin. Dieser sollte von der konzentrierten Arbeit an den zu prüfenden Unterlagen etc. geprägt sein und nicht unbedingt der Basisinformation dienen. Alles was im Vorfeld geklärt oder erklärt werden kann, sollte zum Prüfungstermin erledigt sein.

DIE VORBEREITUNG FÜR DEN KASSENWART

Der Kassenprüfer sollte den Vorstand frühzeitig darüber informieren, wie er sich die Kassenprüfung praktisch vorstellt.

Es vereinfacht die spätere Prüfungsdurchführung, wenn der Vorstand /Kassenwart frühzeitig vom geplanten Umfang der Prüfung erfährt. So bleibt dem Vorstand noch genug Zeit, alle benötigten Unterlagen so aufzubereiten, dass die eigentliche Kassenprüfung schneller durchgeführt werden kann, weil Sie optimale Prüfungsbedingungen vorfinden und weniger Fehler entdecken und dokumentieren müssen. Das bedeutet nicht, dass keine Fehler gemacht wurden. Sie geben mit Ihrer Vorankündigung dem Vorstand jedoch die Gelegenheit, Fehler noch vor der Kassenprüfung selber zu entdecken und zu korrigieren.

Die Kassenprüfung sollte nicht ihren Hauptzweck darin sehen ein Fehlverhalten des Vorstands/Kassenwarts zu suchen. Vielmehr sollte die konstruktiv verstandene Kassenprüfung dazu dienen, die Arbeitsweise des geschäftsführenden Vorstands so zu beaufsichtigen und zu begleiten, dass dieser aus einem natürlichen Eigeninteresse heraus die Bücher und seine geschäftlichen Entscheidungen so transparent und nachvollziehbar macht, dass Fehler schnell erkannt und auch schnell abgeschafft werden können. So wird die Kassenprüfung zu einem konstruktiven Kontrollinstrument. Wenn der Vorstand dieses Instrument richtig begreift, wird der Kassenprüfungsbericht das Vertrauen der Mitgliederversammlung in den Vorstand und sein Handeln stärken können.

Mit der Möglichkeit zur guten Vorbereitung wird dem Vorstand ein Handlungsspielraum eingeräumt, den er erfahrungsgemäß auch nutzen wird.

Sieht der Vorstand den Nutzen einer konstruktiven Kassenprüfung nicht ein und zeigt er sich wenig kooperativ und spricht die Termine im Vorfeld mit Ihnen nicht ab, dann sollten Sie sich auf eine umfänglichere und schwierigere Prüfung einstellen.

DIE PRÜFUNGSUNTERLAGEN

Dokumentieren Sie, welche Prüfungsunterlagen Ihnen zur Kassenprüfung überlassen wurden.

Zur Prüfung wurden folgende Unterlagen herangezogen:

- Bilanz
- Summen und Saldenliste
- Kontenblätter
- Journal
- Kontenplan
- Buchungsbelege
- Bankkontenauszüge

SCHREIBEN AN DEN VORSTAND

Nachfolgend finden Sie Vorschläge für die Kommunikation von Ihnen als Kassenprüfer hin zum Vorstand. Dabei geht es um die Vereinbarung, die Kassenprüfung nach den hier im Handbuch beschrieben Verfahren durchzuführen und die entsprechenden Unterlagen dafür bereitzustellen.

Sehr geehrter Vorstand, Sie haben für den <Datum> zur Kassenprüfung eingeladen.

Sie als Vereinsvorstand, bzw. als bevollmächtigter Geschäftsführer, verwalten das Vereinsvermögen "treuhänderisch". Sie sind verpflichtet, der Mitgliederversammlung des Vereins regelmäßig eine Rechenschaft über die wirtschaftliche Lage des Vereins und Ihre Arbeit zu geben. Sollte sich dies nicht aus der Vereinssatzung ableiten lassen, lässt sich diese Rechenschaftspflicht aus dem § 666 BGB ableiten.

Sie beabsichtigen auf der nächsten ordentlichen Mitglieder-versammlung als Tagesordnungspunkt ihren Rechenschaftsbericht für das Geschäftsjahr 2015 zu setzen. Darin werden Sie Auskunft über die Vermögenssituation des Vereins, den Mitgliederstand, Besonderheiten der Geschäftsführung usw. des abgelaufenen Wirtschaftsjahres geben.

Lieber Vorstand,

nachdem wir uns auf den <Datum> als Termin der Kassenprüfung verständigt haben, möchte ich Ihnen heute einen Vorschlag machen, mit dem ich das Ziel verfolge, die zur Verfügung stehende Prüfungszeit an diesem Abend effizient zu nutzen.

Von der letzten Gesamtkonferenz (in Anlehnung an eine Mitgliederversammlung) wurden Frau <Name> und ich mit der Prüfung des Kassenwesens beauftrag. Daraus lässt sich der Mitgliederwille ableiten, die finanziellen Vorgänge innerhalb der Vereinsgeschäfte durch unabhängige Personen überprüfen zu lassen.

Die Inhalte einer Kassenprüfung sind vom Gesetzgeber nicht vorgegeben. Wenn in der Vereinssatzung dazu nichts Genaueres definiert ist, wovon ich ausgehe, liegt es im Ermessen der Kassenprüfer, zu bestimmen, was konkret geprüft wird. Im Vordergrund sollte dabei immer das Interesse der Vereinsmitglieder stehen, die Aussagen Ihres Rechenschafts- berichts von unabhängiger Seite bestätigen zu lassen.

Damit wir uns bereits im Vorfeld des eigentlichen Prüfungstermins mit den Rahmenbedingungen des Vereins / Region vertraut machen können, bitte ich Sie, folgende Unterlagen zusammenzustellen und uns diese bis zum <Datum> zu übergeben:

o Die aktuelle Vereinssatzung

o Unterlagen, die Ihre Rechtsstellung als Geschäftsführer regeln

o Die Protokolle der letzten zwei Mitgliederversammlungen

o Alle Protokolle der Vorstandssitzungen / bzw.
  Geschäftsführungsprotokolle des zu prüfenden Geschäftsjahres

o Die letzten zwei Kassenprüfungsberichte

o Aktueller Freistellungsbescheid des Finanzamts

o Muster einer Zuwendungsbescheinigung
  a) für eine Geldspende,
  b) für eine Sachspende

o Bescheid der letzten Betriebsprüfung durch die
  Bundesversicherungsanstalt für Angestellte (BfA).

o Bericht der letzten Lohnsteuerprüfung des Finanzamts.

Mit den beiden letzten Unterlagen würden sich die Steuer- und Sozialversicherungsrelevanten Prüfungsteile einfacher durchführen lassen.

Bis zum 01.03.201y bitte ich Sie, uns folgende Unterlagen zur Verfügung zu stellen:

o   Kontenplan

o   Bilanz (möglichst mit Kontendarstellung)

o   Summen und Saldenliste incl. Personenkonten

Am eigentlichen Prüfungstermin benötigen wir den uneingeschränkten Zugang zu folgenden weiteren Unterlagen:

o   Kontenblätter aller Sach- , Debitoren- und Kreditorenkonten

o   Buchungsjournal

o   Buchungsbelege

o   Bankkontenauszüge

o   Spendenbuch

o   Kaufmännisch relevanter Schriftverkehr/Verträge etc.

DIE PRÜFUNGSDURCHFÜHRUNG

ZEITPUNKT DER PRÜFUNG

Voraussetzung für eine abschließende Kassenprüfung ist die Vorlage des Jahresabschlusses. Nachdem alle Buchungen, die das zu prüfende Geschäftsjahr betreffen, erfolgt sind, kann eine Kassenprüfung die Richtigkeit des Jahresabschlusses bestätigen. Andere Zeitpunkte können jedoch in besonderen Situationen sinnvoll sein.

TEILNEHMER AN DER PRÜFUNG

Wer an der Kassenprüfung teilnimmt, ist per Gesetzt nicht geregelt. Nur in den seltensten Fällen wird darüber in der Vereinssatzung oder in einer Geschäftsordnung etwas dazu bestimmt. Sie sind also in den meisten Fällen frei in der Form, wie Sie eine Kassenprüfung vornehmen und wer daran teilnimmt.

Als Kassenwart werden Sie jedoch ein hohes Interesse daran haben, das die Prüfung „Ihrer Kasse" ohne wesentliche Beanstandungen ausfällt.

Die buchhalterischen Sachverhalte können in der Regel nicht von jedem Kassenprüfer im „reinen Selbststudium" unmissverständlich nachvollzogen werden. Es hat sich bisher immer bewährt, dass der verantwortliche Kassenwart, und/oder Buchhalter bei der Kassenprüfung anwesend ist. Zusätzlich empfiehlt sich die Anwesenheit weiterer Vorstandsmitglieder, da insbesondere Ausgaben fast immer auf Vorstandsbeschlüssen beruhen (sollten), die dann bei der Prüfung erläutert werden können. Darüber hinaus ist es oftmals eine gute Gelegenheit, die viele Arbeit des Kassenwarts (die ja in vielen Fällen kaum jemand zur Kenntnis nimmt) auch einmal den Vorstandskollegen sichtbar zu machen.

Nutzen Sie die Möglichkeit der Besprechung mit dem Kassenprüfer, um Sachverhalte zu klären, die nicht unbedingt in die Mitgliederversammlung gehören. Haben sich beispielsweise aufgrund der Prüfung Ungereimtheiten oder Diskrepanzen ergeben, haben Sie nun die Möglichkeit, sich entsprechend auf die Mitgliederversammlung vorzubereiten.

Als Kassenprüfer sollten Sie ebenfalls daran interessiert sein, alle Verständnisfragen direkt und kompetent beantwortet zu bekommen.

Daher empfehle ich die Anwesenheit folgender Personen bei der Kassenprüfung:

- Kassenprüfer
- Kassenwart und Buchhalter
- Vorstand

PRÜFUNGSPUNKTE

Was geprüft wird, ist letztlich von den konkreten Eigenheiten eines jeden Vereins abhängig. In den nachfolgenden Kapiteln sind die wesentlichen Prüfungspunkte zusammengetragen. Einige Prüfungspunkte sind zusätzlich kommentiert.

Für Ihre eigene Kassenprüfung finden sie alle Prüfungspunkte nochmals in Form eines ausfüllbaren Prüfungsprotokolls im Anhang zu diesem Handbuch.

Wenn Sie das Prüfungsprotokoll zur individuellen Bearbeitung als Datei nutzen möchten, so senden Sie eine E-Mail an folgende Adresse:

protokoll@kassenpruefung.de

Sie erhalten dann den Zugang zum Herunterladen (Download) des aktuellsten Prüfungsprotokolls als eigenständiges Dokument im „Rich Text Format" (RTF). Es lässt sich mit einem üblichen Textverarbeitungsprogramm (z.B. MS-Word, Open Office etc.) bearbeiten. So haben Sie die Möglichkeit, weitere Prüfungspunkte hinzuzunehmen und nicht zutreffende Prüfungspunkte nach Ihren Anforderungen zu verändern oder komplett zu entfernen.

Mit dem Ausfüllen der Checkliste entsteht so ein lückenloses Prüfungsprotokoll.

PRÜFUNGSRAHMEN

PRÜFUNGSZEITRAUM

Es wurde der Buchungszeitraum 01.01.20xy bis 31.12.20xy geprüft.

BETEILIGTE PERSONEN

Die Prüfung wurde von den Vereinsmitgliedern <Kassenprüfer1> und <Kassenprüfer2> am 01.03.20xx durchgeführt. Für Auskünfte stand das Vorstandsmitglied <Vorstand1> und die Buchhalterin <Buchhalter1> zur Verfügung.

ALLGEMEINE PRÜFUNGEN

#	Prüfung
2.1.1	Zur Prüfung liegen folgende Unterlagen vollständig vor: • Bilanz • Summen und Saldenliste • Kontenblätter • Journal • Kontenplan • Buchungsbelege • Bankkontenauszüge
2.1.2	Prüfungsfeststellungen und empfohlene Maßnahmen aus der vorherigen Kassenprüfung des Jahres 20xx liegen vor und werden zur Nachkontrolle herangezogen.
2.1.3	Die Belegablage ist übersichtlich und nach einem nachvollziehbaren Ordnungsprinzip gestaltet. ➔ Kommentar Bei kleineren Buchhaltungssystemen genügt es, wenn die Belege den Kontoauszügen der Bankkonten und Barkassen beigeheftet sind. In größeren Buchhaltungen hat sich die Ablage der Belege je Konto oder die Ablage nach Belegnummern bewährt.

PRÜFUNG DER BARKASSEN

Es werden zwei Barkassen geführt:

\<BARKASSE1>

Die Kassenführung wurde in 20xx von \<Kassenführer1> verantwortet.

Die Kasse wird monatlich abgerechnet und je Aufwands- und Ertragskonto saldiert in die Finanzbuchhaltung übernommen. Eine Nummerierung der Einzelbelege erfolgt aufsteigend innerhalb des Kassenbuchs. Sie sind nachvollziehbar dem jeweiligen Kassenbericht beigefügt.

#	Prüfung
3.1.1	Der Kassenbestand lt. Kassenbuchbeleg am 31.12.20xx stimmt mit dem Kontenbestand der Finanzbuchhaltung überein.
3.1.2	Barauszahlungen sind durch den Empfänger quittiert oder mit einer zweiten Unterschrift versehen.

PRÜFUNG DER BANKKONTEN

Es werden zwei Bankkonten geführt.

\<BANK> KTO. \<XYZ1>

#	Prüfung
4.1.1	Der Jahresanfangs- und der Jahresendbestand lt. Kontoauszug der \<Bank> stimmen mit dem Kontenendbestand der Finanzbuchhaltung überein.
4.1.2	Die Kontoauszüge der \<Bank> sind für den gesamten Prüfungszeitraum lückenlos dokumentiert.

PRÜFUNG DER BUCHHALTUNG

FINANZBUCHHALTUNG

#	Prüfung
5.1.1	Die <Buchhalterin> hat erklärt, dass alle Buchungsvorgänge erfaßt und dass keine weiteren Geldbestände und Schwebeposten vorhanden sind.
5.1.2	Für alle Buchungen sind lt. Stichprobenprüfung Belege vorhanden. Alle Buchungseintragungen sind mit Belegnummern versehen.
5.1.3	Die Verbuchung aller Belege eines Monats wurde vollständig überprüft.
5.1.4	Bei Bilanzierung: Die Ansätze der Posten der Gewinn- und Verlustrechnung und der Bilanz ergeben sich nachvollziehbar aus den Konten der Buchhaltung.
5.1.5	Bei Überschußrechnung: Sämtliche Einnahmen und Ausgaben wurden addiert. In der Addition des Vorjahresbestandes + Einnahmen/ oder – Ausgaben des Prüfzeitraums, ergab den ausgewiesenen Endbestand laut Kassenbuch, Auszug der Kreditinstitute etc.
5.1.6	Es wird eine aktuelle Inventarliste geführt, aus der die Bestände jeweils zum Jahresende ersichtlich sind.
5.1.7	Bei größeren Ausgabenpositionen wurde geprüft, ob die zutreffende buchhalterische Zuordnung für den ideellen Bereich, für die Vermögensverwaltung, Zweckbetrieb oder den wirtschaftlichen Geschäftsbetrieb erfolgt ist.
5.1.8	Alle Ausgaben (insbesondere die größeren Posten) wurden konform mit der Satzung getätigt. (Notwendige Beschlüsse der Mitgliederversammlung oder des Vorstands liegen vor.)
5.1.9	Die Grundsätze der ordnungsgemäßen Buchführung werden im Rahmen der Buchhaltung offensichtlich eingehalten. Insbesondere der Grundsatz der Klarheit und Übersichtlichkeit wurde beim vorliegenden Jahresabschluß beachtet.

5.1.10	Die Aufbewahrung der Buchhaltungsunterlagen erfolgt konform mit den gesetzlichen Fristen. ➔ Kommentar Für Buchführungsunterlagen gelten bestimmte Aufbewahrungsfristen (vgl. § 147 Abgabenordnung – AO). Mit Ablauf dieser Fristen können **nach dem 31. Dezember 2015** folgende Unterlagen **vernichtet** werden*: **Zehnjährige Aufbewahrungsfrist:** <ul><li>Bücher, Journale, Konten, Aufzeichnungen usw., in denen die **letzte Eintragung 2015** und früher erfolgt ist</li><li>Inventare, **Jahresabschlüsse,** Lageberichte, Eröffnungsbilanzen, die **2015** oder früher **aufgestellt** wurden, sowie die</li><li>zu ihrem Verständnis erforderlichen Arbeitsanweisungen</li><li>**Buchungsbelege** (z. B. Rechnungen, Bescheide, Zahlungsanweisungen, Reisekostenabrechnungen, Bewirtungsbelege,</li><li>Kontoauszüge**, Lohn- bzw. Gehaltslisten) aus dem Jahr **2015**</li></ul>**Sechsjährige Aufbewahrungsfrist:** <ul><li>Lohnkonten und Unterlagen (Bescheinigungen) zum Lohnkonto mit Eintragungen aus **2009** oder früher</li><li>Sonstige für die Besteuerung bedeutsame Dokumente (z. B. Ausfuhr- bzw. Einfuhrunterlagen, Aufträge, Versand und Frachtunterlagen, Darlehensunterlagen, Mietverträge, Versicherungspolicen) sowie Geschäftsbriefe aus dem Jahr **2009** oder früher</li></ul>Die Aufbewahrungsfristen gelten auch für die steuerlich und sozialversicherungsrechtlich relevanten Daten der **betrieblichen EDV** (Finanz-, Anlagen- und Lohnbuchhaltung). Während des Aufbewahrungszeitraums muss der Zugriff auf diese Daten möglich sein.28 Bei einem Systemwechsel der betrieblichen EDV ist darauf zu achten, dass die bisherigen Daten in das neue System übernommen oder die bisher verwendeten Programme für den Zugriff auf die alten Daten weiter vorgehalten werden. Die Aufbewahrungsfrist **beginnt** mit dem Schluss des Kalenderjahres, in dem die letzte Eintragung in das Buch gemacht, das Inventar, die Eröffnungsbilanz, der Jahresabschluss oder der Lagebericht aufgestellt, der Handels- oder Geschäftsbrief empfangen oder abgesandt worden oder der Buchungsbeleg entstanden ist, ferner die Aufzeichnung vorgenommen worden ist oder die sonstigen Unterlagen entstanden sind. Die Vernichtung von Unterlagen ist allerdings dann nicht zulässig, wenn die Frist für die Steuerfestsetzung noch **nicht abgelaufen** ist (vgl. §§ 169, 170 AO). * Bei der Entscheidung über die Vernichtung von Buchhaltungsunterlagen sollte auch überlegt werden, ob und welche Unterlagen evtl. als Beweise für eine spätere Betriebsprüfung bzw. für ein ggf. noch zu führendes Rechtsmittel – trotz der offiziellen Vernichtungsmöglichkeit – weiterhin aufbewahrt werden sollten. ** Ausdrucke **elektronischer** Kontoauszüge (Online-Banking) genügen den gesetzlichen Aufbewahrungspflichten derzeit i. d. R. **nicht;** hier sind (wie bisher) die Kontoauszüge bzw. Monatssammelkontoauszüge der Kreditinstitute in **Papierform** zu archivieren.

PERSONALBUCHHALTUNG

Die Personalbuchhaltung wurde im Prüfungszeitraum als Dienstleistungsservice beim <Personaldienstleister1> erstellt. Die monatlichen Salden wurden je abgerechnetem Mitarbeiter manuell in die Finanzbuchhaltung übernommen.

#	Prüfung
5.2.1	Die Jahresendsalden der Personalbuchhaltung stimmen für die refinanzierbaren Personalkonten (Kto. xya + xyb) mit den Kontenendbeständen in der Finanzbuchhaltung überein.
5.2.2	Reisekostenabrechnungen wurden stichprobenartig auf zutreffende km-Pauschbeträge, Angaben zum Verpflegungsmehraufwand (Zeit, Abwesenheitsdauer) geprüft.
5.2.3	Die Übungsleiterpauschale wird ausschließlich für „echte" Übungsleiter angesetzt. → *Kommentar* *Die Übungsleiterpauschale beträgt seit 2013: 2.400€ pro Jahr.* *Wichtig: Die Übungsleitertätigkeit muss tatsächlich erbracht und auch nachgewiesen werden können. Vorsicht vor Vergütung von Scheintätigkeiten.* *Beispiel: Jemand im Verein erwirbt sich besondere Verdienste, z. B. als Materialwart. Der Verein beschäftigt ihn pro forma als „Übungsleiter" und macht darüber einen Übungsleitervertrag und tut so, als würde er Übungsleitertätigkeit erbringen. Dies ist rechtswidrig und Steuerbetrug.*

5.2.4

Die Ehrenamtspauschale wird gemäß der Vereinssatzung gezahlt.

➔ *Kommentar*
Schreiben des Bundesministeriums der Finanzen:
IV C 4 - S 2121/07/0010 Anwendung des § 3 Nr. 26a EStG;

Zahlungen an den ehrenamtlichen Vorstand
*Nach den Feststellungen der Finanzverwaltung haben gemeinnützige Vereine die Einführung des neuen Steuerfreibetrags für Einnahmen aus nebenberuflichen Tätigkeiten im Dienst oder Auftrag einer steuerbegünstigten Körperschaft oder einer Körperschaft des öffentlichen Rechts zur Förderung steuerbegünstigter Zwecke in Höhe von **500 Euro im Jahr** durch das Gesetz zur weiteren Stärkung des bürgerschaftlichen Engagements vom 10. Oktober 2007 (vgl. § 3 Nr. 26a des Einkommensteuergesetzes - EStG) zum Anlass genommen, pauschale Aufwandsentschädigungen oder sonstige Vergütungen an Mitglieder des Vorstands zu zahlen.*

Seit 2013 beträgt die Ehrenamtspauschale 720 €.

Nach den für Vereine geltenden zivilrechtlichen Vorschriften (§ 27 Abs. 3 i. V. m. § 662 BGB) übt der Vorstand sein Amt jedoch grundsätzlich ehrenamtlich aus. Diese Bestimmung ist durch die Satzung des Vereins abänderbar. Die Organe des Vereins handeln aber dann pflichtwidrig, wenn sie ohne ausdrückliche Erlaubnis in der Satzung pauschale Aufwandsentschädigungen oder sonstige Vergütungen an Mitglieder des Vorstands zahlen. Im Einvernehmen mit den obersten Finanzbehörden der Länder gilt dazu Folgendes: Ein Verein, dessen Satzung nicht ausdrücklich die Bezahlung des Vorstands erlaubt und der dennoch pauschale Aufwandsentschädigungen oder sonstige Vergütungen an Mitglieder des Vorstands zahlt, verstößt gegen das Gebot der Selbstlosigkeit und kann nicht als gemeinnützig behandelt werden.

Zur Bezahlung des Vorstands gehören auch Vergütungen, die - z. B. wegen einer Aufrechnung oder der Vereinbarung einer Rückspende - nicht durch Barzahlung oder Überweisung tatsächlich ausgezahlt werden. Von der Aberkennung der Gemeinnützigkeit des Vereins ist aus Billigkeitsgründen jedoch abzusehen, wenn die Zahlungen nach dem 10. Oktober 2007 geleistet wurden, nicht unangemessen hoch waren und die Mitgliederversammlung bis zum 31. Dezember 2009 eine Satzungsänderung beschließt, die eine Bezahlung der Vorstandsmitglieder zulässt.

Hintergrund: Solange die Satzung des Vereins vorschreibt, dass Vorstandsarbeit unentgeltlich oder ehrenamtlich erbracht werden muss, darf die sogenannte Ehrenamtspauschale nicht an die Vorstandsmitglieder ausgezahlt werden. Vereine riskieren damit unter Umständen die Anerkennung der Gemeinnützigkeit.
Das Problem der unzulässigen Vorstandsvergütung stellt sich nur, wenn eine Möglichkeit zur
angemessenen Vergütung in der Satzung nicht vorgesehen ist.

Das geschilderte Problem lässt sich also ohne weiteres durch Einfügen einer entsprechenden Regelung in der Vereinssatzung beheben. Für diesen Fall empfehlen wir die Aufnahme einer Kann-Regelung, wonach der Vorstand eine Vergütung erhalten kann, aber nicht muss. Eine entsprechende Formulierung könnte lauten: "Der Vorstand kann für seine Tätigkeit eine angemessene Vergütung erhalten."

Versicherungsverträge

#	Prüfung
6.1.1	Es besteht eine Haftpflichtversicherung. Deckungssummen für **Sachschäden: <Betrag>** Personenschäden: <Betrag> ➔ *Kommentar* *Prüfen der Versicherungsscheine/Policen. Können diese nicht eingesehen werden, ist dieser Prüfungspunkt in jedem Fall zu dokumentieren und zu beanstanden.*
6.1.2	Für das vereinseigene Gebäude <Bezeichnung> liegt eine Feuerversicherung vor. ➔ *Kommentar* *Prüfen der Versicherungsscheine/Policen. Können diese nicht eingesehen werden, ist dieser Prüfungspunkt in jedem Fall zu dokumentieren und zu beanstanden.*
6.1.3	Das Inventar ist versichert gegen • Feuer • Einbruchdiebstahl • Leitungswasserschäden • Elektronikschäden ➔ *Kommentar* *Prüfen der Versicherungsscheine/Policen. Können diese nicht eingesehen werden, ist dieser Prüfungspunkt in jedem Fall zu dokumentieren und zu beanstanden.*
6.1.4	Der nachgewiesene Versicherungswert entspricht dem heutigen Neuwert.

STEUERRELEVANTE TATBESTÄNDE

SPENDEN

#	Prüfung
7.1.1	Es wird ein Spendenbuch geführt, in dem alle Spenden fortlaufend nummeriert aufgeführt sind.
7.1.2	Zu jeder Spende existiert eine Kopie der ausgestellten Zuwendungsbestätigungen.
7.1.3	Auf der Zuwendungsbestätigung ist der Bezug zur Positionsnummer im Spendenbuch und/oder zum Buchungsbeleg in der Finanzbuchhaltung dokumentiert.
7.1.4	Die Zuwendungsbestätigungen orientieren sich an den Formularvorgaben des Bundesfinanzministeriums in der jeweils für den Prüfungszeitrau geltenden Version (www.bundesfinanzministerium.de)
7.1.5	Erhaltene Spenden sind über separate Konten in der Gewinn- und Verlustrechnung nachweisbar.
7.1.6	Die Bewertung von Sachspenden erfolgte unter Berücksichtigung der steuerrechtlichen Bewertungsvorschriften. Die Wertangabe des Spenders wurde eingehend anhand von objektiven Unterlagen (z.B. Kaufbeleg) überprüft. Der Nachweis ist dem Doppel der Zuwendungsbestätigung beigefügt.
7.1.7	Einzelspenden sind durch Überweisungsbelege, Lastschriftbelege oder Einzahlungsquittungen belegt.
7.1.8	Für zweckgebundene Spenden wurde der jeweilige Verwendungsnachweis (z.B. im Spendenbuch) dokumentiert.

➔ *Kommentar*
Einzelfragen zu Aufwandsspenden

Bei den ordnungsgemäßen Aufwandsspenden liegt die Spende nicht bereits darin, dass der Spender Aufwendungen für den Spendenempfänger tätigt. Zunächst entsteht nur ein zivilrechtlicher Anspruch des Spenders auf Ersatz seiner Aufwendungen. Die Spende liegt erst im anschließenden Verzicht auf diesen Anspruch. Deswegen handelt es sich letztlich um keine Sachspende, sondern um eine Geldspende.

Ein zivilrechtlich wirksamer Verzicht ist notwendige Voraussetzung einer Aufwandsspende. Zivilrechtlich wirksam wird eine Verzichtserklärung eines Beauftragten, wenn sie dem Auftraggeber zugeht.

Die Spendenbescheinigung ist vom Spendenempfänger für das Jahr des Zugangs der Verzichtserklärung beim Spendenempfänger auszustellen. Wurden die Bescheinigungen vorsätzlich oder grob fahrlässig für ein falsches Kalenderjahr ausgestellt, liegt ein wesentlicher Fehler vor, der zur Spendenhaftung führen kann.

Wegen der gleich gelagerten Interessen von Spender und Empfänger ist darauf zu achten, dass die Beteiligten ernstlich gewollte, klare, eindeutige und widerspruchsfreie Abmachungen getroffen haben und dass die einzelnen Verträge und Willenserklärungen ihrem Inhalt entsprechend durchgeführt worden sind; die Vereinbarungen müssen insoweit einem "Fremdvergleich" standhalten.

Hier gilt u.a. Folgendes:

- *Es muss Klarheit darüber bestehen, in welcher Höhe der Aufwendungsersatz zu leisten war.*
- *Für den Spendenabzug zwingend nötig ist ein Element der Uneigennützigkeit. Bei der Erstattung von Fahrkosten z. B. müssen diese zur Erfüllung der Satzungszwecke erforderlich gewesen sein.*
- *Der Umstand, dass das Vermögen des Spenderempfängers nicht alle Ansprüche abdeckt, steht der Anerkennung von Aufwandsspenden nicht von vornherein entgegen. Entscheidend ist die Werthaltigkeit des einzelnen Anspruchs zum Zeitpunkt der Zusage und des Verzichts; es muss gewährleistet sein, dass der Spenderempfänger jeweils alternativ zur Erfüllung des Anspruchs in der Lage gewesen wäre.*
- *Für eine Anerkennung von Aufwandsspenden spricht, dass durch die zuständigen Gremien Bestimmungen getroffen wurden, durch die zivilrechtliche Aufwendungsersatzansprüche entstehen können, Aufträge in gewissem Umfang auch erteilt wurden und die Beauftragten umfangreiche Abrechnungen erstellt haben.*

Gegen die ernsthafte Vereinbarung von Aufwandsersatzansprüchen spricht,

- *dass Spendenbescheinigungen für Tätigkeiten ausgestellt hat, bei denen es sich um die bloße Wahrnehmung von Mitgliedschaftsrechten der "Beauftragten" handelt, also keine "fremdnützige" Tätigkeit vorlag,*
- *dass Spendenbescheinigungen auch dann ausgestellt werden, wenn die "Spender" mit der Abrechnung der Aufwendungen keine Verzichtserklärung abgeben,*
- *dass bei der Beauftragung gegen das Selbstkontrahierungsverbot verstoßen wurde - also Vorstandsmitglieder ohne Erlaubnis sich selbst beauftragten,*
- *dass Satzungsbeschlüsse nicht korrekt umgesetzt werden - etwa bei den Abrechnungsstichtagen.*

Finanzgericht (FG) München (7.07.2009, 6 K 3583/07).

Quelle: www.vereinsknowhow.de.

SONSTIGE STEUERTHEMEN

7.2.1	Der letzte Körperschaftssteuerfreistellungsbescheid wurde am <Datum> für den Zeitraum <20xx - 20xy> erteilt. Es bestehen demnach keine Beschränkungen bei der Ausstellung von Spendenbescheinigungen.
7.2.2	Der Verein führte im Prüfungszeitraum Aktivitäten durch, die mit steuerlich relevanten Einnahmen verbunden waren. → *Kommentar* *Aufführen der durchgeführten Aktivitäten.* *Beispiel:* *Liste der Aktivitäten:* *- Verlosung* *- Basar* *- andere Zweckbetriebe, die nicht mit den Satzungszwecken abgedeckt sind.*
7.2.3	Die Entstehung steuerlicher Verpflichtungen wurde unter Berücksichtigung bestehender Freigrenzen und Freibeträge geprüft.
7.2.4	Fällige Steuern wurden ordnungsgemäß abgeführt.
7.2.5	Die Rücklagenbildung (einschließlich Kapitalstruktur) erfüllt die Anforderungen des § 58 Nr.6 und 7 AO.
7.2.6	Die 40 Euro-Grenze bei Aufmerksamkeiten/Präsenten gegenüber Mitgliedern und Mitarbeitern wurde beachtet. → *Kommentar* Bei Bargeldgeschenken und Geschenken im Wert von über 40 Euro handelt es sich dagegen um steuerpflichtigen Arbeitslohn.
7.2.7	Die steuerliche Behandlung von Bewirtungsaufwendungen für Vereinsmitglieder wurde geprüft. → *Kommentar* *Übernimmt der Verein die Bewirtungskosten für angestellte Vereinsmitglieder, hat diese möglicherweise steuerliche Konsequenzen.* *Der BundesFinanzHof hat in seiner Rechtsprechung klargestellt, dass selbst bei einer angestellten Vereinsführungskraft eine Feier aus rein persönlichen Gründen (z. B. einem Geburtstag oder Jubiläum) bei einer Gesamtwürdigung vom Finanzamt stets zu prüfen ist, ob nun Aufwendungen aus einem beruflichen Anlass vorliegen oder dies der Privatsphäre zuzuordnen ist. Ein starkes Indiz für die berufliche Veranlassung derartiger Bewirtungskosten und Repräsentationsaufwendungen ist es, wenn ein Verein/Arbeitgeber die Veranstaltung ohne Mitspracherecht des betroffenen Beschäftigten organisiert und ausrichtet.* *Ergibt sich aber, dass bereits über den Teilnehmerkreis, über die Einladung, es dem Grunde nach um eine Pflege der persönlichen Beziehung zu Mitarbeitern oder Kollegen/Kunden etc. geht, bis hin zu einer mehr als gehobenen „luxuriösen" Umgebung, wird dieser Aufwand dem privaten Interesse des Jubilars zugeordnet.*

7.2.8

Die steuerliche Behandlung von Vereinszeitschriften wurde geprüft.

➔ *Kommentar*

*Bei der **steuerlichen Behandlung von Vereinszeitschriften** (auch Festschriften) sind drei Fälle zu unterscheiden:*

- *Die Zeitschrift wird ohne zusätzliches Entgelt an die Mitglieder abgegeben, der Bezug ist also im Mitgliedsbeitrag enthalten.*
- *Die Zeitschrift wird an Mitglieder verkauft.*
- *Die Zeitschrift enthält Anzeigen*

Mitgliederzeitschriften ohne Anzeigenteil

Enthält die Vereinszeitschrift ausschließlich Berichte über das Vereinsleben und erfolgt die Abgabe unentgeltlich, ergeben sich keine steuerlichen Folgen. Wird die Zeitschrift dabei aber faktisch über die Mitgliedsbeiträge finanziert, darf sich dabei kein unechter Anteil am Mitgliedsbeitrag ergeben, der dem Kaufpreis der Zeitschrift entspricht. Das wäre der Fall, wenn die Überlassung der Zeitschrift bei der Bemessung der Mitgliederbeiträge Berücksichtigung findet (BFH, 18.12.2002, I R 60/01), besonders wenn der Gegenwert den wesentlichen Teil des Mitgliedsbeitrags ausmacht.
Die Kosten, die durch den Druck entstehen, sind dem ideellen Bereich zuzuordnen. Umsatzsteuerlich ergeben keine Folgen (keine Umsatzsteuer und kein Vorsteuerabzug).

Erfolgt die Abgabe hingegen an die Mitglieder gegen Entgelt, entsteht ein steuerbegünstigter Zweckbetrieb. Etwas anderes gilt nur, wenn die Zeitschrift keinen inhaltlichem Bezug zu den Vereinszwecken hat. Der Preis der Zeitschrift spielt dabei keine Rolle.

Vereinszeitschriften als Mitteilungsblatt für die Vereinsmitglieder mit Anzeigenteil

Bei einer unentgeltlichen Abgabe einer Vereinszeitschrift mit Anzeigenteil ergeben sich nur hinsichtlich der Einnahmen aus Anzeigen steuerliche Konsequenzen. Erfolgt ein Verkauf der Vereinszeitschrift, ergeben sich steuerliche Konsequenzen sowohl für den Zeitschriftenverkauf als auch für das Anzeigengeschäft. Beides muss aber getrennt behandelt werden.

Die steuerliche Behandlung des Verkaufserlöses und der damit im Zusammenhang stehenden Aufwendungen ist identisch mit der steuerlichen Behandlung des Verkaufs einer Vereinszeitschrift ohne Anzeigenteil (siehe oben).

Besonderheiten ergeben sich beim Anzeigengeschäft. Das Anzeigengeschäft stellt einen steuerpflichtigen wirtschaftlichen Geschäftsbetrieb dar, wenn es vom Verein in Eigenregie betrieben wird. Die Einnahmen daraus unterliegen daher der Körperschaft- und Gewerbesteuer. Soweit die Aufwendungen z. B. für Druck und Papier auf den Anzeigenteil entfallen, können sie als Betriebsausgaben berücksichtigt werden. Überlässt der Verein das Anzeigengeschäft insgesamt einer Agentur, werden die Einnahmen der Vermögensverwaltung zugeordnet.

Alternativ zur Einzelermittlung der Betriebseinnahmen und -ausgaben besteht auf Antrag (über das Gem-1-Formular) auch die Möglichkeit, den Gewinn aus der Anzeigenwerbung pauschal mit 15 % der Einnahmen aus dem Anzeigengeschäft anzusetzen (vgl. § 64 Absatz 6 Nummer 1 Abgabenordnung). In aller Regel wird

	sich der Verein mit dieser Regelung steuerlich günstiger Stellen, als bei Geltendmachen der tatsächlichen Kosten. Quelle: www.vereinsknowhow.de
7.2.9	Die steuerliche Behandlung von Sponsoring wurde geprüft. ➔ *Kommentar* *Für Klärung in der Frage, wie **Sponsoring steuerlich behandelt wird**, sorgt ein Urteil des Bundesfinanzhof (BHF, 7.11.2007, I R 42/06). In der Vorinstanz war das Finanzgericht München (Urteil vom 15.5.2006, 7 K 4052/03) deutlich von der bisherigen Auffassung abgewichen. Der BHF bestätigt nun die bisher herrschende Rechtsauffassung. Kläger war ein **Schützenverein, der mit einer Versicherung einen Partnerschaftsvertrag geschlossen hatte.** Diese verpflichtete sich, verschiedene Veranstaltungen des Vereins zu fördern und ihn bei der Herausgabe verschiedener Printpublikationen zu unterstützen. Als Gegenleistung informierte der Verein die angeschlossenen Mitgliedsvereine über die Partnerschaft; außerdem räumte er der Versicherung das Recht ein, den Partnerschaftsvertrag für Werbezwecke zu verwerten und bei Veranstaltungen des Vereins und seiner Untergliederungen die Mitglieder über versicherungsbezogene Themen zu informieren, ihre Produkte zu bewerben und in der Sportschützenzeitung versicherungsbezogene Themen darzustellen und für ihre Angebote zu werben.* *Das FG München hatte die Anzeigenschaltungen und Werbebeiträge in der Vereinszeitung ebenso wie einen Internetlink der Vermögensverwaltung zugeordnet. Hier trifft der BFH nun einige Klarstellungen:* • *Das **Anzeigengeschäft** als Teil einer Vereinszeitung ist grundsätzlich ein wirtschaftlicher Geschäftsbetrieb. Dies gilt auch dann, wenn kein Einfluss auf Inhalt und Gestaltung der Anzeigen genommen wird. Nur wenn das Anzeigengeschäft oder sonstige Werberechte im Ganzen oder in abgrenzbaren Teilen an Werbeagenturen verpachtet werden, zählen die Einnahmen daraus zur Vermögensverwaltung.* • *Das Dulden von **Werbung auf Sportveranstaltungen** ist keine vermögensverwaltende Betätigung, wenn die Zahlung nicht dafür erfolgt, dass der Werbetreibende eine bestimmte abgegrenzte Raumfläche nutzt, sondern dafür, dass er auf den Sportveranstaltungen für sich wirbt. Ohne die Sportveranstaltungen ist der Werbestand nämlich nutzlos.* • *Soweit der Verein dem Unternehmen erlaubt, mit seinem Namen zu werben, liegt zwar nach Auffassung der Finanzverwaltung kein wirtschaftlicher Geschäftsbetrieb vor. Diese Leistung muss sich aber klar von den anderen Werbeleistungen (die nicht zur Vermögensverwaltung gehören) abgrenzen lassen. Dazu muss ein geeigneter Aufteilungsmaßstab (z. B. vertragliche Regelung) vorliegen.* • *Die Einnahmen können auch nicht dem Zweckbetrieb "Sportveranstaltung" zugeordnet werden. Die Sportveranstaltungen können nämlich auch ohne Werbung durchgeführt werden - es fehlt also an der Zwecknotwendig (§ 65 AO). Selbst wenn nach waffenrechtlichen Regelungen der Schützensport nur ausgeübt werden darf, wenn der Schütze haftpflichtversichert ist, erfordert dies keine Anwesenheit der Versicherung bei Vereinsveranstaltungen.* Quelle: www.vereinsknowhow.de

7.2.10	Für den Prüfungszeitraum liegt der **Tätigkeitsbericht für das Finanzamt** vor. ➔ *Kommentar* *Neben einer zahlenmäßigen Aufstellung der Einnahmen und Ausgaben - getrennt nach den steuerlichen Bereichen - verlangt das Finanzamt von gemeinnützigen Vereinen für jedes Jahr auch einen Tätigkeitsbericht.* *Im Tätigkeitsbericht sollten besonders die satzungsbezogenen (gemeinnützigen) Tätigkeiten dargestellt werden - also auf welche Weise die steuerbegünstigten Satzungszwecke verwirklicht und wie die Vereinsmittel dafür verwandt worden sind. Für Geschäfts- oder Tätigkeitsberichte gibt es keine Formvorschriften. Grundsätzlich können deswegen auch die Rechenschaftsberichte an die Mitgliederversammlungen verwendet werden. In aller Regel sollte aber für das Finanzamt ein eigener Bericht erstellt werden.* *Empfehlungen für das Abfassen des Tätigkeitsberichts sind:* • *Er sollte sich auf die steuerlich relevanten Inhalte beschränken. Verzichten sie auf rein organisatorische Themen (wie z. B. Zahl und Ablauf der Mitgliederversammlungen).* • *Nicht begünstigte Tätigkeiten sollten zurückhaltend dargestellt werden, um nicht den Eindruck zu erwecken, sie hätten ein besonderes Gewicht.* • *Das gilt auch für Tätigkeiten, die zwar steuerbegünstigt aber nicht satzungsgemäß sind.* • *Umgekehrt sollte der Schwerpunkt der Darstellung auf den satzungsmäßigen Tätigkeiten liegen. Vergessen Sie nicht, gerade solche Tätigkeiten darzustellen, die sich zahlenmäßig nicht niederschlagen - also besonders die ehrenamtlichen Tätigkeiten.* *Im Zweifel sollten kritische Fakten eher weggelassen werden. Außenprüfungen in Vereinen sind eher selten. Typischerweise sind es eingereichte Unterlagen, die zu problematischen Bewertungen durch das Finanzamt führen.* *Quelle: www.vereinsknowhow.de*

ARBEITGEBERVERPFLICHTUNGEN

#	Prüfung
8.1.1	Der Verein kommt seiner gesetzlichen Versicherungspflicht zur Unfallversicherung der hauptamtlichen und ehrenamtlichen Mitarbeiter nach.
8.1.2	Zahlungen an Mitarbeiter wurden auf Lohnsteuer und Sozialversicherungspflicht überprüft.
8.1.3	Bei Trainer- und Übungsleiter bestehen schriftliche Vereinbarungen, aus denen erkennbar ist, dass die Übungsleiter zusätzlich schriftlich bestätigt haben, dass zur Berücksichtigung des Übungsleiter-Freibetrags keine anderweitige Beschäftigung eingegangen wurde.
8.1.4	Selbstständige Übungsleiter oder Honorarkräfte sind nicht als Scheinselbständige für den Verein tätig. ➔ *Kommentar* *Beschäftigt der Verein selbstständige Übungsleiter oder Honorarkräfte, sollte im Rahmen der Kassenprüfung untersucht werden, ob es sich jeweils um eine Scheinselbständigkeit handeln könnte.* *Die Beurteilung der Scheinselbständigkeit bezieht sich ausschließlich auf die selbständige Tätigkeit. Sie ist unabhängig davon, ob der Mitarbeiter seinen Lebensunterhalt in einem Hauptberuf als Arbeitnehmer oder anderweitig Selbstständiger verdient.* *Um den Verein vor dem Risiko zu schützen, in die Zahlungsverpflichtung für die Arbeitgeberanteile zur Rentenversicherung herangezogen zu werden, sollte sich die Verdachtsprüfung auf folgende Punkte konzentrieren:* • *Ist der Mitarbeiter in die Vereinsorganisation eingebunden? So ist dies ein Verstoß gegen die Vorgaben der echten Selbstständigkeit.* • *Hat der Mitarbeiter nur Ihren Verein als Auftraggeber für seine Honorartätigkeit, und besteht diese Situation bereits mehr als drei Jahre, ist dies ein Indiz für eine dauerhafteScheinselbständigkeit. Anderweitige Beschäftigungen, deren Tätigkeit nicht mit der zu beurteilenden Arbeit vergleichbar sind, werden dabei nicht mit betrachtet.*
8.1.5	Der letzte Prüfbericht zur Betriebsprüfung durch die Deutsche Rentenversicherung liegt vor.
8.1.6	Der letzte Prüfbericht zur Betriebsprüfung durch das Finanzamt liegt vor.
8.1.7	Die Abgaben an die Sozialversicherungsträger und das Finanzamt wurden ordnungsgemäß abgeführt.

DER KASSENPRÜFUNGSBERICHT

Im Kassenprüfungsbericht hat der Kassenprüfer alle Punkte seiner Prüfungstätigkeit dokumentiert und für die Mitgliederversammlung zusammengefasst. Am Ende des Kassenprüfungsberichts wird der Kassenprüfer der Mitgliederversammlung die Entlastung des Vorstands vorschlagen. Wenn er dies nicht tut, wird im Kassenprüfungsbericht genau beschrieben, was genau gegen die Entlastung spricht.

Soweit die Satzung, aber auch sonstige bindende Beschlüsse der Mitgliederversammlung keine Vorgaben machen, ist zu prüfen, ob der Kassenbericht, evtl. entgegen der bisherigen Vereinspraxis, nicht doch als separater Tagesordnungspunkt erfolgen sollte.

Der schriftlich vorliegende Kassenbericht muss auf jeden Fall zumindest in der Mitgliederversammlung vorliegen. D. h. eine Ausfertigung muss den Mitgliedern bei Befragungen/Gesuchen bis hin zu Anträgen auf Einsichtnahme zur Verfügung gestellt werden. Mündliche qualifizierte Einzelfragen sind zu beantworten.

Soweit von Seiten des Vereinsvorstandes ein schriftlicher Rechenschaftsbericht erstellt wird, sollte zumindest ein Auszug eines Kassenberichts mit den wichtigsten Ergebnissen angefügt werden.

Zu beachten ist, dass jedes Mitglied einen grundsätzlichen Anspruch hat, den Kassenbericht - ggf. auch den gesamten Rechenschaftsbericht -, einzusehen. Satzungsklauseln, die bestimmen, dass nur einem bestimmten Personenkreis, wie z. B. der Vorstandschaft oder den Aufsichtsgremien, die Einsichtnahme in den Kassenbericht gewährt werden kann, ist wegen der Benachteiligung von elementaren Mitgliedsrechten in Bezug auf die Vermögenssituation des Vereins grundsätzlich unwirksam. Das heißt, das Einsichtsrecht für Mitglieder allgemein kann nicht ausgeschlossen werden.

ADRESSATEN DES KASSENPRÜFUNGSBERICHTS

Der Kassenprüfungsbericht wird primär für die Mitgliederversammlung erstellt. Diese hat die Kassenprüfer beauftragt, die „Kasse" zu prüfen und Ihr darüber einen Bericht zu geben.

ANWESENHEIT DER KASSENPRÜFER BEI DER MITGLIEDERVERSAMMLUNG

Sind die Kassenprüfer bei der Mitgliederversammlung nicht anwesend, kann der Prüfungsbericht auch von einer anderen Person vorgetragen werden. Die Mitgliederversammlung ist ja grundsätzlich in Ihrer Entscheidung frei, ob der schriftlich vorliegende Prüfungsbericht zur Entlastung des Vorstandes ausreicht.

BEISPIEL EINES KASSENPRÜFUNGSBERICHTS

Die Buchhaltung des Zeitraums **01.01.20xy bis 31.12.20xy** des <Musterverein> wurde am 01.03.20xy im Rahmen einer Kassenprüfung auf Ihre Ordnungsmäßigkeit hin geprüft.

Die Prüfung vorgenommen haben die gewählten Kassenprüfer <Kassenprüfer1> und <Kassenprüfer2> Auskünfte wurden erteilt von Vorstandsmitglied <Vorstand1> und die Buchhalterin <Buchhalter1>.

Die Vorgehensweise sowie die Prüfungsinhalte wurden im Vorfeld der eigentlichen Prüfung zwischen den beteiligten Personen vereinbart. Diese **Prüfungsvereinbarung** orientiert sich an den Prüfungskriterien, wie sie von kassenpruefung.de empfohlen werden und auf den <Musterverein> anwendbar sind.

Alle zur Prüfung benötigten Unterlagen standen uneingeschränkt zur Verfügung.

Prüfungsdetails

Der Bestand der **Barkasse** lt. Kassenbuchbeleg am 31.12.20xx stimmt mit dem Kontenbestand der Finanzbuchhaltung überein. Barauszahlungen sind durch den Empfänger nicht immer quittiert. Für die Zukunft wird das Vieraugenprinzip empfohlen. Alle Belege sind fortlaufend nummeriert.

Der Jahresanfangs- und der Jahresendbestand der **Girokonten** lt. Kontoauszug stimmen mit dem Kontenendbestand der Finanzbuchhaltung überein. Die Kontoauszüge sind für den gesamten Prüfungszeitraum lückenlos dokumentiert.

Für alle Buchungen sind lt. Stichprobenprüfung Belege vorhanden. Alle Buchungseintragungen sind mit Belegnummern versehen.

Die Verbuchung aller **Belege eines Monats** wurde vollständig überprüft. Geprüft wurde der Monat Mai 20xx. Es ergaben sich keine Abweichungen.

Die **Ansätze** der Posten der Gewinn- und Verlustrechnung und der Bilanz ergeben sich nachvollziehbar aus den Konten der Buchhaltung.

Es wird ein **Spendenbuch** geführt, in dem alle Spenden fortlaufend nummeriert aufgeführt sind. Zu allen Spenden existiert eine Kopie der ausgestellten Zuwendungsbescheinigung. Einzelspenden sind durch Überweisungsbelege, Lastschriftbelege oder Einzahlungsquittungen belegt..

Zusammenfassung

Die Buchhaltung befindet sich in den dargestellten Prüfungspunkten in einem **tadellosen Zustand**. Die Kassenprüfer empfehlen der Mitgliederversammlung die **Entlastung** des Vorstands für das Geschäftsjahr 20xx.

Musterstadt, den
01.03.20xy

_____   _____
<Kassenprüfer1>   <Kassenprüfer2>

DEUTSCHE RECHTSVORSCHRIFTEN
MIT WIRKUNG AUF DEN VEREIN

Nachfolgend sind wesentliche Rechtsvorschriften der Bundesrepublik Deutschland aufgeführt, die eine Bedeutung für den Verein haben, oder unter bestimmten Bedingungen haben können. Sie sollen als Kassenprüfer mit dieser Gesetzessammlung einen Überblick erhalten, der Ihnen die Grundlage für Ihre Tätigkeit gibt.

- Grundgesetz für die Bundesrepublik Deutschland (GG)
- Bürgerliches Gesetzbuch (BGB)
- Abgabenordnung (AO)
- Handelsgesetzbuch (HGB)
- Gesetz zur Regelung des öffentlichen Vereinsrechts (Vereinsgesetz) (VereinsG)

Im Internet sind diese zum Beispiel bei www.dejure.org nachzulesen.

WICHTIG ACHTUNG WICHTIG ACHTUNG WICHTIG

Den nachfolgenden Anhang können Sie Kopieren und zum Ausfüllen während ihrer eigenen Kassenprüfung ausfüllen.

Wenn Sie das Prüfungsprotokoll zur individuellen Bearbeitung als Datei nutzen möchten, so senden Sie eine **E-Mail an folgende Adresse:**

protokoll@kassenpruefung.de

Sie erhalten dann den Zugang zum Herunterladen (Download) des aktuellen Prüfungsprotokolls als Datei im „Rich Text Format" (RTF).

Diese lässt sich mit allen gängigen Textverarbeitungs-programmen (z.B. MS-Word, Open Office etc.) bearbeiten.

WICHTIG ACHTUNG WICHTIG ACHTUNG WICHTIG

Protokoll der Kassenprüfung

für das Geschäftsjahr 20_ _

1 Prüfungsrahmen

1.1 Prüfungszeitraum

Es wurde der Buchungszeitraum **01.01.20_ _ bis 31.12.20_ _** geprüft.

1.2 Beteiligte Personen

Die Prüfung wurde von den Vereinsmitgliedern <Kassenprüfer1> und <Kassenprüfer2> am 01.03.200x durchgeführt. Für Auskünfte stand das Vorstandsmitglied <Vorstand1> und die Buchhalterin <Buchhalter1> zur Verfügung.

2 Allgemeine Prüfungen

#	Prüfung	B	Kommentar
2.1.1	Zur Prüfung liegen folgende Unterlagen vollständig vor: • Bilanz • Summen und Saldenliste • Kontenblätter • Journal • Kontenplan • Buchungsbelege • Bankkontenauszüge		
2.1.2	Prüfungsfeststellungen und empfohlene Maßnahmen aus der vorherigen Kassenprüfung des Jahres 20_ _ liegen vor und werden zur Nachkontrolle herangezogen.		
2.1.3	Die Belegablage ist übersichtlich und nach einem nachvollziehbaren Ordnungsprinzip gestaltet. → siehe Kommentar im Handbuch		

Beanstandungsgrad (BG): O = ohne; W = weitestgehend ohne; M = mit Beanstandung

3 Prüfung der Barkassen

Es werden zwei Barkassen geführt:

3.1 <Barkasse1>

Die Kassenführung wurde in 20_ _ von <Kassenführer1> verantwortet.
Die Kasse wird monatlich abgerechnet und je Aufwands- und Ertragskonto saldiert in die Finanzbuchhaltung übernommen. Eine Nummerierung der Einzelbelege erfolgt aufsteigend innerhalb des Kassenbuchs. Sie sind nachvollziehbar dem jeweiligen Kassenbericht beigefügt.

#	Prüfung	B	Kommentar
3.1.1	Der Kassenbestand lt. Kassenbuchbeleg am 31.12.20_ _ stimmt mit dem Kontenbestand der Finanzbuchhaltung überein.		
3.1.2	Barauszahlungen sind durch den Empfänger quittiert oder mit einer zweiten Unterschrift versehen.		

Beanstandungsgrad (BG): O = ohne; W = weitestgehend ohne; M = mit Beanstandung

3.2 <Barkasse2>

Die Kassenführung wird von <Kassenführer2> verantwortet.
Die Kasse wird monatlich abgerechnet und je Aufwands- und Ertragskonto saldiert in die Finanzbuchhaltung übernommen. Eine Nummerierung der Einzelbelege erfolgt aufsteigend innerhalb des Kassenbuchs Sie sind nachvollziehbar dem jeweiligen Kassenbericht beigefügt.

#	Prüfung	B	Kommentar
3.2.1	Der Kassenbestand lt. Kassenbuchbeleg am 31.12.20_ _ stimmt mit dem Kontenbestand der Finanzbuchhaltung überein.		
3.2.2	Barauszahlungen sind durch den Empfänger quittiert oder mit einer zweiten Unterschrift versehen.		

Beanstandungsgrad (BG): O = ohne; W = weitestgehend ohne; M = mit Beanstandung

4 Prüfung der Bankkonten

Es werden zwei Bankkonten geführt.

4.1 <Bank> Kto. <xyz1>

#	Prüfung	B	Kommentar
4.1.1	Der Jahresanfangs- und der Jahresendbestand lt. Kontoauszug der <Bank> stimmen mit dem Kontenendbestand der Finanzbuchhaltung überein.		
4.1.2	Die Kontoauszüge der <Bank> sind für den gesamten Prüfungszeitraum lückenlos dokumentiert.		

Beanstandungsgrad (BG): O = ohne; W = weitestgehend ohne; M = mit Beanstandung

4.2 <Bank> Kto. <xyz2>

#	Prüfung	B	Kommentar
4.2.1	Der Jahresanfangs- und der Jahresendbestand lt. Kontoauszug der Bank stimmen mit dem Kontenendbestand der Finanzbuchhaltung überein.		
4.2.2	Die Kontoauszüge der Bank sind für den gesamten Prüfungszeitraum lückenlos dokumentiert.		

Beanstandungsgrad (BG): O = ohne; W = weitestgehend ohne; M = mit Beanstandung

5 Prüfung der Buchhaltung

5.1 Finanzbuchhaltung

#	Prüfung	B	Kommentar
5.1.1	Die <Buchhalterin> hat erklärt, dass alle Buchungsvorgänge erfaßt und dass keine weiteren Geldbestände und Schwebeposten vorhanden sind.		
5.1.2	Für alle Buchungen sind lt. Stichprobenprüfung Belege vorhanden. Alle Buchungseintragungen sind mit Belegnummern versehen.		
5.1.3	Die Verbuchung aller Belege eines Monats wurde vollständig überprüft.		Es wurde der <Monat> geprüft
5.1.4	Bei Bilanzierung: Die Ansätze der Posten der Gewinn- und Verlustrechnung und der Bilanz ergeben sich nachvollziehbar aus den Konten der Buchhaltung.		
5.1.5	Bei Überschußrechnung: Sämtliche Einnahmen und Ausgaben wurden addiert. In der Addition des Vorjahresbestandes + Einnahmen/ oder – Ausgaben des Prüfzeitraums, ergab den ausgewiesenen Endbestand laut Kassenbuch, Auszug der Kreditinstitute etc.		
5.1.6	Es wird eine aktuelle Inventarliste geführt, aus der die Bestände jeweils zum Jahresende ersichtlich sind.		
5.1.7	Bei größeren Ausgabenpositionen wurde geprüft, ob die zutreffende buchhalterische Zuordnung für den ideellen Bereich, für die Vermögensverwaltung, Zweckbetrieb oder den wirtschaftlichen Geschäftsbetrieb erfolgt ist.		

#	Prüfung	B	Kommentar
5.1.8	Alle Ausgaben (insbesondere die größeren Posten) wurden konform mit der Satzung getätigt. (Notwendige Beschlüsse der Mitgliederversammlung oder des Vorstands liegen vor.)		
5.1.9	Die Grundsätze der ordnungsgemäßen Buchführung werden im Rahmen der Buchhaltung offensichtlich eingehalten. Insbesondere der Grundsatz der Klarheit und Übersichtlichkeit wurde beim vorliegenden Jahresabschluß beachtet.		
5.1.10	Die Aufbewahrung der Buchhaltungsunterlagen erfolgt konform mit den gesetzlichen Fristen. → siehe Kommentar im Handbuch		

Beanstandungsgrad (BG): O = ohne; W = weitestgehend ohne; M = mit Beanstandung

5.2 Personalbuchhaltung

Die Personalbuchhaltung wurde im Prüfungszeitraum als Dienstleistungsservice beim
<Personaldienstleister1> erstellt. Die monatlichen Salden wurden je abgerechnetem Mitarbeiter
manuell in die Finanzbuchhaltung übernommen.

#	Prüfung	BG	Kommentar
5.2.1	Die Jahresendsalden der Personalbuchhaltung stimmen für die refinanzierbaren Personalkonten (Kto. xya + xyb) mit den Kontenendbeständen in der Finanzbuchhaltung überein.		
5.2.2	Reisekostenabrechnungen wurden stichprobenartig auf zutreffende km-Pauschbeträge, Angaben zum Verpflegungsmehraufwand (Zeit, Abwesenheitsdauer) geprüft.		
5.2.3	Die Übungsleiterpauschale wird ausschließlich für „echte" Übungsleiter angesetzt. → siehe Kommentar im Handbuch		
5.2.4	Die Ehrenamtspauschale wird gemäß der Vereinssatzung gezahlt. → siehe Kommentar im Handbuch		

Beanstandungsgrad (BG): O = ohne; W = weitestgehend ohne; M = mit Beanstandung

6 Versicherungsverträge

#	Prüfung	B	Kommentar
6.1.1	Es besteht eine Haftpflichtversicherung. Deckungssummen für Sachschäden: <Betrag> Personenschäden: <Betrag> → siehe Kommentar im Handbuch		
6.1.2	Für das vereinseigene Gebäude <Bezeichnung> liegt eine Feuerversicherung vor. → siehe Kommentar im Handbuch		
6.1.3	Das Inventar ist versichert gegen • Feuer • Einbruchdiebstahl • Leitungswasserschäden • Elektronikschäden → siehe Kommentar im Handbuch		
6.1.4	Der nachgewiesene Versicherungswert entspricht dem heutigen Neuwert.		

Beanstandungsgrad (BG): O = ohne; W = weitestgehend ohne; M = mit Beanstandung

7   Steuerrelevante Tatbestände

7.1   Spenden

#	Prüfung	B	Kommentar
7.1.1	Es wird ein Spendenbuch geführt, in dem alle Spenden fortlaufend nummeriert aufgeführt sind. ➔ siehe Kommentar im Handbuch		
7.1.2	Zu jeder Spende existiert eine Kopie der ausgestellten Zuwendungsbestätigungen.		
7.1.3	Auf der Zuwendungsbestätigung ist der Bezug zur Positionsnummer im Spendenbuch und/oder zum Buchungsbeleg in der Finanzbuchhaltung dokumentiert.		
7.1.4	Die Zuwendungsbestätigungen orientieren sich an den Formularvorgaben des Bundesfinanzministeriums in der jeweils für den Prüfungszeitrau geltenden Version (www.bundesfinanzministerium.de)		
7.1.5	Erhaltene Spenden sind über separate Konten in der Gewinn- und Verlustrechnung nachweisbar.		
7.1.6	Die Bewertung von Sachspenden erfolgte unter Berücksichtigung der steuerrechtlichen Bewertungsvorschriften. Die Wertangabe des Spenders wurde eingehend anhand von objektiven Unterlagen (z.B. Kaufbeleg) überprüft. Der Nachweis ist dem Doppel der Zuwendungsbestätigung beigefügt.		
7.1.7	Einzelspenden sind durch Überweisungsbelege, Lastschriftbelege oder Einzahlungsquittungen belegt.		
7.1.8	Für zweckgebundene Spenden wurde der jeweilige Verwendungsnachweis (z.B. im Spendenbuch) dokumentiert.		

Beanstandungsgrad (BG): O = ohne; W = weitestgehend ohne; M = mit Beanstandung

7.2 Sonstige Steuerthemen

#	Prüfung	B	Kommentar
7.2.1	Der letzte Körperschaftssteuerfreistellungsbescheid wurde am 19.11.2005 für den Zeitraum 2001 - 2003 erteilt. Es bestehen demnach keine Beschränkungen bei der Ausstellung von Spendenbescheinigungen.		
7.2.2	Der Verein führte im Prüfungszeitraum Aktivitäten durch, die mit steuerlich relevanten Einnahmen verbunden waren. ➔ siehe Kommentar im Handbuch		
7.2.3	Die Entstehung steuerlicher Verpflichtungen wurde unter Berücksichtigung bestehender Freigrenzen und Freibeträge geprüft.		Umsatzsteuervoranmeldungen werden über \<Steuerberater\> abgewickelt.
7.2.4	Fällige Steuern wurden ordnungsgemäß abgeführt.		Keine Prüfung. Da diese über den \<Steuerberater\> erfolgt.
7.2.5	Die Rücklagenbildung (einschließlich Kapitalstruktur) erfüllt die Anforderungen des § 58 Nr.6 und 7 AO.		
7.2.6	Die 40 Euro-Grenze bei Aufmerksamkeiten/Präsenten gegenüber Mitgliedern und Mitarbeitern wurde beachtet.		Zum \<Anlaß\> erhielten die Mitarbeiter Geschenke/Zuwendungen in Höhe von jeweils xxx EUR.
7.2.7	Die steuerliche Behandlung von Bewirtungsaufwendungen für Vereinsmitglieder wurde geprüft. ➔ siehe Kommentar im Handbuch		
7.2.8	Die steuerliche Behandlung von Vereinszeitschriften wurde geprüft. ➔ siehe Kommentar im Handbuch		
7.2.9	Die steuerliche Behandlung von Sponsoring wurde geprüft. ➔ siehe Kommentar im Handbuch		
7.2.10	Für den Prüfungszeitraum liegt der **Tätigkeitsbericht für das Finanzamt** vor.		

Beanstandungsgrad (BG): O = ohne; W = weitestgehend ohne; M = mit Beanstandung

8 Arbeitgeberverpflichtungen

#	Prüfung	B	Kommentar
8.1.1	Der Verein kommt seiner gesetzlichen Versicherungspflicht zur Unfallversicherung der hauptamtlichen und ehrenamtlichen Mitarbeiter nach.		Nachweis der Berufsgenossenschaft liegt vor.
8.1.2	Zahlungen an Mitarbeiter wurden auf Lohnsteuer und Sozialversicherungspflicht überprüft.		
8.1.3	Bei Trainer- und Übungsleiter bestehen schriftliche Vereinbarungen, aus denen erkennbar ist, dass die Übungsleiter zusätzlich schriftlich bestätigt haben, dass zur Berücksichtigung des Übungsleiter-Freibetrags keine anderweitige Beschäftigung eingegangen wurde.		
8.1.4	Selbstständige Übungsleiter oder Honorarkräfte sind nicht als Scheinselbständige für den Verein tätig. → siehe Kommentar im Handbuch		
8.1.5	Der letzte Prüfbericht zur Betriebsprüfung durch die Deutsche Rentenversicherung liegt vor.		Die Prüfung des Zeitraums 2002 – 2005 von der Deutsche Rentenversicherung am 02.02.2006 durchgeführt hat keine Feststellung ergeben.
8.1.6	Der letzte Prüfbericht zur Betriebsprüfung durch das Finanzamt liegt vor.		Die Prüfung des Zeitraums 2001 – 2004 wurde durch das Finanzamt am 10.01.2005 durchgeführt. Der Prüfbericht liegt vor.
8.1.7	Die Abgaben an die Sozialversicherungsträger und das Finanzamt wurden ordnungsgemäß abgeführt.		Belegt durch die o.g. Prüfberichte der Deutsche Rentenversicherung und des Finanzamts.

Beanstandungsgrad (BG): O = ohne; W = weitestgehend ohne; M = mit Beanstandung

9 Fazit und Empfehlungen

Die Buchhaltung des Zeitraums **01.01.20_ _ bis 31.12.20_ _** des <Musterverein> wurde am
im Rahmen einer Kassenprüfung auf Ihre Ordnungsmäßigkeit hin geprüft.

Die Prüfung vorgenommen haben die gewählten Kassenprüfer <Kassenprüfer1> und
<Kassenprüfer2> Auskünfte wurden erteilt von Vorstandsmitglied <Vorstand1> und der
Buchhalterin <Buchhalter1>.

Die Vorgehensweise sowie die Prüfungsinhalte wurden im Vorfeld der eigentlichen Prüfung
zwischen den beteiligten Personen vereinbart. Diese **Prüfungsvereinbarung** orientiert sich an
den Prüfungskriterien, wie sie von kassenpruefung.de in der Handlungsleitlinie.Kassenpruefung
empfohlen werden und auf den <Musterverein> anwendbar sind.

Alle zur Prüfung benötigten Unterlagen standen uneingeschränkt zur Verfügung.

Prüfungsdetails

Der Bestand der **Barkasse** lt. Kassenbuchbeleg am 31.12.200x stimmt mit dem Kontenbestand
der Finanzbuchhaltung überein. Barauszahlungen sind durch den Empfänger nicht immer quittiert.
Für die Zukunft wird das Vieraugenprinzip empfohlen. Alle Belege sind fortlaufend nummeriert.

Der Jahresanfangs- und der Jahresendbestand der **Girokonten** lt. Kontoauszug stimmen mit dem
Kontenendbestand der Finanzbuchhaltung überein. Die Kontoauszüge sind für den gesamten
Prüfungszeitraum lückenlos dokumentiert.

Für alle Buchungen sind lt. Stichprobenprüfung Belege vorhanden. Alle Buchungseintragungen
sind mit Belegnummern versehen.

Die Verbuchung aller **Belege eines Monats** wurde vollständig überprüft. Geprüft wurde der Monat
<Mai> 200x. Es ergaben sich keine Abweichungen.

Die **Ansätze** der Posten der Gewinn- und Verlustrechnung und der Bilanz ergaben sich
nachvollziehbar aus den Konten der Buchhaltung.

Es wird ein **Spendenbuch** geführt, in dem alle Spenden fortlaufend nummeriert aufgeführt sind.
Zu allen Spenden existiert eine Kopie der ausgestellten Zuwendungsbescheinigung.
Einzelspenden sind durch Überweisungsbelege, Lastschriftbelege oder Einzahlungsquittungen
belegt..

Zusammenfassung

Die Buchhaltung befindet sich in den dargestellten Prüfungspunkten in einem **tadellosen
Zustand**. Die Kassenprüfer empfehlen der Mitgliederversammlung die **Entlastung** des Vorstands
für das Geschäftsjahr 200x.

Musterstadt, den _____   _____
<Kassenprüfer1>   <Kassenprüfer2>